WIESLOCH

Impressionen zwischen Tradition und Moderne

Herausgegeben von der Stadt Wiesloch

Fotografien von Helmut Pfeifer, Gülay Keskin u. a.

Texte von Manfred Kurz

verlag regionalkultur

Die Deutsche Bibliothek – CIP-Einheitsaufnahme

Wiesloch : Impressionen zwischen Tradition und Moderne / Hrsg.: Stadt Wiesloch. Manfred Kurz. –
Ubstadt-Weiher : Verl. Regionalkultur, 2001
ISBN 3-89735-162-5

Herausgeber: Stadt Wiesloch

Fotografien: Helmut, Barbara und Jan A. Pfeifer, Wiesloch – *S. 4 oben, Mitte links; S. 12 unten rechts, S. 13 unten, S. 17–20; S. 21 unten links kleines Bild; S. 22 unten rechts; S. 23; 24 oben, unten rechts; S. 25 oben; S. 26–35; S. 36 links oben, links unten; S. 37–38; S. 38/39 großes Bild Mitte; S. 39 großes Bild unten, kleines Bild oben rechts; S. 40; S. 42/43; S. 44 großes Bild, kleines Bild oben rechts, kleines Bild Mitte links; S. 45–47; S. 48 oben, Mitte unten; S. 49–52; S. 52/53 kleines Bild; S. 53 großes Bild oben; S. 54–57; S. 60; S. 61 unten; S. 62 großes Bild, unten rechts; S. 63; S. 65 unten; S. 66/67; S. 69 oben links; S. 71; S. 73 großes Bild, unten rechts; S. 74/75; S. 78–83; S. 84 oben rechts, oben links; S. 85 oben, unten links; S. 86–92; S. 92/93 großes Bild; S. 93 unten links, oben rechts; S. 94–96*

Gülay Keskin, Wiesloch – *S. 21 großes Bild, kleines Bild oben links; S. 22 großes Bild; S. 24 unten links; S. 25 unten; S. 36 rechts oben, rechts unten; S. 39 kleines Bild Mitte oben; S. 41; S. 44 oben links; S. 48 unten links; S. 53 unten rechts, unten links; S. 61 oben; S. 68 oben rechts; S. 70; S. 73 kleines Bild oben rechts; S. 84 unten, Mitte; S. 85 Mitte rechts; S. 93 Mitte rechts, unten rechts*

Stadtarchiv Wiesloch – *S. 5; S. 7–11; S. 12 links; S. 13 oben; S. 16*
Universitätsbibliothek Heidelberg – *S. 6 (cpg 848, Bl. 299)*
Landesdenkmalamt – *S. 4 unten links*
Heidelberger Druckmaschinen AG – *S. 58*
REWE – *S. 59*
Kappa Wellpappe Wiesloch – *S. 62 oben links*
Weckesser Wohndesign – *S. 64*
Volksbank Wiesloch eG – *S. 65 oben*
PZN – *S. 68 links; S. 69 oben rechts*
Kissel, Wilhelmsfeld – *S. 69 großes Bild*
MLP – *S. 72*
Lossen, Heidelberg – *S. 76/77 Luftbild*

Texte: Manfred Kurz

Übersetzung: Ramisch Translations GmbH, Heidelberg

Umschlag-gestaltung: Werner Hable Designer AGD, Wiesloch

Gestaltung und Satz: Jürgen Glöggler, Andrea Sitzler, verlag regionalkultur, Ubstadt-Weiher

Diese Publikation ist auf alterungsbeständigem und säurefreiem Papier (TCF nach ISO 9706) gedruckt entsprechend den Frankfurter Forderungen.

verlag regionalkultur
Stettfelder Str. 11 • 76698 Ubstadt-Weiher • Tel. (07251) 69723 • Fax 69450 • eMail: verlag_regionalkultur@t-online.de • www.verlag-regionalkultur.d

Geleitwort

„Ein Bild sagt mehr als tausend Worte“, so lautet ein Sprichwort. Bilder stehen im Mittelpunkt des vorliegenden Bandes. Über ein Jahr hinweg wurden sie von dem Fotografen Helmut Pfeifer und der Fotografin Gülay Keskin eingefangen. Sie zeigen unsere Stadt Wiesloch aus den unterschiedlichsten Perspektiven. Neben stadtbildprägenden Ansichten finden wir eindrucksvolle architektonische Details, aber auch Bilder vom lebendigen Treiben in Wiesloch. Fremde erhalten einen Eindruck von der Schönheit unserer Stadt. Einheimische werden überrascht feststellen, dass es Fleckchen gibt, an denen sie bislang zu Unrecht achtlos vorbei gegangen sind.

Die Texte von Manfred Kurz führen in die Geschichte Wieslochs ein und geben wertvolle Erläuterungen zu den dargestellten Motiven.

Den drei Hauptakteuren, dem verlag regionalkultur und allen, die an diesem attraktiven Bildband mitgewirkt haben, gilt ein besonderer Dank.

Die Stadt Wiesloch feiert im Jahr der Herausgabe dieses Bildbands den 1200. Jahrestag ihrer Ersterwähnung im Lorscher Codex. Es ist erfreulich, dass zu diesem großen Ereignis nicht nur in die Vergangenheit geblickt, sondern auch das Heute einer liebevollen Betrachtung unterzogen wird.

Begeben Sie sich auf eine visuelle Entdeckungsreise durch unsere schöne Stadt Wiesloch mit ihren Ortsteilen Altwiesloch, Baiertal, Schatthausen und Frauenweiler. Hierbei wünschen wir Ihnen viel Freude und Vergnügen.

Ein geschichtsträchtiger Hügel

Die günstigen klimatischen Bedingungen und die fruchtbaren Böden am östlichen Rand der Rheinebene lockten bereits in prähistorischer Zeit Menschen zur dauerhaften Ansiedlung auf die heutige Gemarkung von Wiesloch. Eine archäologische Ausgrabung des Landesdenkmalamts Baden-Württemberg förderte in den Jahren zwischen 1989 und 1996 im Wieslocher Gewann 'Weinäcker', etwa 2,5 km westlich vom heutigen Ortskern entfernt, Aufsehen erregende Funde zu Tage: Auf einer flachgewölbten Hügelkuppe, die in die Rheinebene hineinragte und vom Leimbach umflossen wurde, haben zahlreiche Epochen ihre Siedlungsspuren hinterlassen. Die freigelegten Funde und Befunde dokumentieren nämlich eine nahezu lückenlose Besiedlung dieses Hügels im Leimbachbogen von der Jungsteinzeit (um 5000 v. Chr.) bis ins Mittelalter.

Beschlag eines römischen Reisewagens aus dem 2./3. Jh. n. Chr.

Einen Schwerpunkt der Funde bildet ein Friedhof aus der Jüngeren Bronzezeit um 1000 v. Chr., der fünfzehn weitgehend ungestörte Gräber umfasst und damit zu den größten bisher bekannten Gräberfeldern in Nordbaden zählt. In den Grabmulden der Urnenbrandgräber fanden sich neben den Urnen, in denen der ausgelesene Leichenbrand mit Keramik- und Bronzebeigaben beigesetzt wurde, auch zahlreiche kleinere Gefäße, von denen einige Speisebeigaben enthielten. Zu dem Gräberfeld gehörte ein Dorf mit einigen Pfostenhütten, deren Seitenwände mit Astgeflecht versehen, zur Abdichtung mit Lehm beworfen und verputzt waren. Das Ende dieser Siedlungsperiode fällt in die Zeit um 800 v. Chr., als die Siedler – vermutlich wegen eines Klimasturzes und den damit verursachten Überschwem-

Mithräum im Wieslocher Vicus aus dem 2./3. Jh. n. Chr.

Ausgrabungsfunde aus der Urnenfelderzeit auf Wieslocher Gemarkung

mungen – ihre Wohnstätten am Rand der Rheinauen verlassen und ökologisch günstigere Lebensräume im hügeligen Kraichgau aufsuchen mussten.

Römischer Verkehrsknotenpunkt

Der weitere Schwerpunkt der Siedlungsfunde stammt aus römischer Zeit: Im Zuge der Errichtung der 'Civitas Ulpia Sueborum Nicrensium' unter der Herrschaft von Kaiser Trajan (98–117 n. Chr.) entstand auf der geschichtsträchtigen Hügelkuppe am Leimbach zunächst eine ländliche Siedlung. In ihr kreuzte sich die in Nord-Süd-Richtung verlaufende Fernverbindung zwischen den Provinzhauptstädten Mainz und Augsburg mit einer Straße, die Speyer mit dem Kastell in Bad Wimpfen und später mit dem Limeskastell von Jagsthausen verband. Begünstigt durch ihre Lage entwickelte sie sich zum Vicus. Von der Blütezeit dieser römischen Landstadt an der Wende vom 2. zum 3. Jahrhundert zeugen die Fundamente eines Mithräums – ein Tempel, in dem die Mysterien des Mithras begangen wurden – sowie eines 'Gallorömischen Umgangstempels'. Mitte des 3. Jahrhunderts kam das Ende des Vicus bei Wiesloch: Nach dem Fall des Limes um 260 n. Chr. wurde die Siedlung bei den Plünderungszügen der Alamannen fast völlig zerstört und schließlich aufgegeben.

Eine Urkunde anno 801

Nach der Zerstörung der römischen Ursprünge Wieslochs 'wanderte' die Ortschaft zwischen dem 3. und 11. Jahrhundert in mehreren Siedlungsschritten vom Westteil der heutigen Gemarkung in die erhöhten Ausläufer der Bergstraße weiter östlich, dorthin, wo sich der heutige Stadtkern befindet.

Die erste schriftliche Erwähnung von Wiesloch findet sich in einer Urkunde vom 12. September 801 im Lorscher Codex. Die frommen Benediktinermönche der Reichsabtei Lorsch hatten akribisch alle Schenkungen an ihr Kloster in diesem Verzeichnis fest-

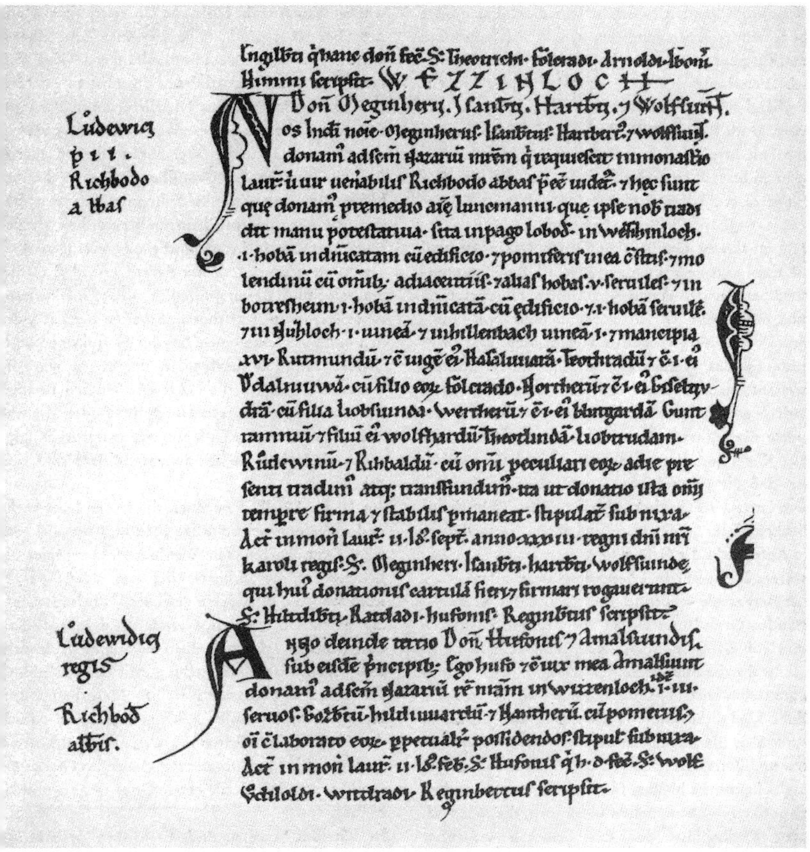

Urkunde im Lorscher Codex vom 12. September 801 mit der ersten Erwähnung von ‚Wezzinloch'.

gehalten. Die Übersetzung der in Latein verfassten Urkunde lautet:

„Im Namen Gottes machen wir Meginher, Isanbert, Hartbert und Wolfsuint eine fromme Schenkung. Sie sei gewidmet dem heiligen Märtyrer Nazarius, der im Kloster Lorsch ruht, dem der ehrwürdige Herr Richbodo als Abt vorsteht. Wir übereignen das zum Seelenheil des Juncmann, was er selbst als rechtmäßiger Besitzer uns übergeben hat, nämlich sein Besitztum im Lobdengau, und zwar in Wezzinloch, eine Herrenhufe mit ihren Bauwerken, darauf wachsenden Obstbäumen, eine Mühle mit allem Zubehör und weitere fünf Hörigenhufen ...".

Diese erste urkundliche Erwähnung von Wiesloch erfolgte im Vergleich zu einigen umliegenden Ortschaften relativ spät. Jedoch lässt der stattliche Umfang – eine Hufe war ein bäuerlicher Wirtschaftsbetrieb mit dazugehörigem Kulturland – sowie die Art der Schenkung – es handelte sich um grundherrschaftlichen Besitz – den Schluss zu, dass Wiesloch im Jahr nach der Krönung Karls des Großen zum Kaiser bereits eine größere Ortschaft gewesen ist. Die Schreibweisen des Ortsnamens erfahren in den folgenden Jahren oder Jahrhunderten nur geringfügige Varianten: Wizzenloch, Wezzenloch, Wisenloch, Wisloch, Wizzenlohe sind in den Urkunden zu finden.

Der Name Wiesloch

... hat übrigens mit einem Loch in der Wiese nichts zu tun. Wisso oder Wezzo war im früheren Mittelalter ein gebräuchlicher Personennamen, und das Wort Lôch, Lohe oder Lô bedeutete im Mittelhochdeutschen Gebiet, Wald, Gehölz. Also bedeutete Wiesloch ursprünglich: Wald oder Gebiet des Wisso bzw. Wezzo.
Interessant ist außerdem, dass sich im hiesigen Volksmund das kurzgesprochene ‘i’ von Wisso in der Aussprache von Wiesloch bis heute gehalten hat: Kein Wieslocher sagt Wiesloch, wie er es eigentlich nach den Dehnungsregeln machen müsste.

Erster Marktort Nordbadens

Auch im Mittelalter profitierte Wiesloch von seiner zentralen Lage und seiner günstigen Straßenanbindung. Ein Beleg für die herausragende Größe und die besondere wirtschaftliche Bedeutung der Siedlung im 10. Jahrhundert ist die Marktrechtsverleihung durch Kaiser Otto den Großen, die Wiesloch zum ersten Marktort im heutigen Nordbaden machte. In einer Urkunde vom 6. Mai 965 gestattete der Kaiser dem ehrwürdigen Abt Gerold, dem Vorsteher des St.-Nazarius-Klosters in Lorsch, in dem zu seinem Kloster gehörigen Dorf Wezinloch in der Grafschaft des Gaugrafen Konrad einen öffentlichen Markt einzurichten. Die Erträge aus dem Marktzoll und aus anderen Gewinnen schenkte Otto „durch die Freigebigkeit" seiner kaiserlichen Güte dem St.-Michaels-Kloster auf dem Abramesberg – dem heutigen Heiligenberg – bei Heidelberg.

Das Marktrechtsprivileg war auch der wichtigste Schritt des Flecken Wiesloch hin zu einer mittelalterlichen Stadt. Wie sich die Wieslocher die noch fehlenden Privilegien, nämlich das auf Wall und Graben – d. h. eine Befestigung der Ortschaft – sowie das auf Stock und Galgen – d. h. eigene Zolleinnahmen und eine eigene Gerichtsbarkeit – erwarben, ist uns nicht überliefert. Jedenfalls ist zu vermuten, dass Wiesloch sich im Laufe des 13. Jahrhunderts bereits zu einem städtischen Gemeinwesen ausgebildet hatte.

Im Geheimen Hausarchiv der Wittelsbacher beim Bayerischen Hauptstaatsarchiv in München befindet sich eine gut erhaltene Pergamentsurkunde, die am 7. Januar 1288 in Mainz von dem damaligen Pfalzgrafen bei Rhein, Ludwig II., ausgestellt wurde.

Eine Stadt als Morgengabe

Der Anfang der in lateinischer Sprache verfassten Urkunde lautet sinngemäß: „Wir, Ludwig, von Gottes Gnaden Pfalzgraf bei Rhein, Herzog von Bayern, machen allen, welche diese Urkunde sehen, bekannt, dass wir der ehrwürdigen Herrin Mechthild, Tochter unseres erlauchten Herrn Rudolf, erhabenen Römischen Königs und allzeit Mehrer des Reiches [gemeint ist kein Geringerer als König Rudolf von Habsburg], unserer lieben Gemahlin als Morgengabe folgendes gegeben, geschenkt und übertragen haben." Es werden dann in der Urkunde etliche Ortschaften im weiten Umkreis von Heidelberg, darunter auch „Burg und Stadt Wiesloch samt dem unter der Burg gelegenen Dorf", genannt.

Mit dieser Morgengabe – eine Zuwendung vom Ehemann an die Braut am Morgen nach der Hochzeitsnacht – sicherte Ludwig die Versorgung seiner Gattin im Alter.

Die Urkunde, in der Wiesloch erstmals schriftlich als Stadt bezeichnet wurde, ist seinerzeit im Beisein von König Rudolf von Habsburg, dem Vater der Braut, ausgestellt worden. Er beglaubigte das Dokument mit seinem Königsthronsiegel. Auch einige Siegel von kirchlichen Ehrenträgern der damaligen Zeit – darunter der Erzbischof von Mainz und der Bischof von Worms – sind der stattlichen Urkunde angehängt worden; ein imposanter Beleg dafür, dass Wiesloch im Jahr 1288 bereits Stadt war!

Mittelalterliches Stadtbild

Um die junge Stadt vor Angriffen zu schützen und um sie standesgemäß für alle sichtbar als Stadt zu gestalten, wurde Wiesloch in der zweiten Hälfte des 14. Jahrhunderts mit einer Ringmauer aus massivem Stein umgeben. Die bewehrte Stadt verfügte damals über zwei trutzige Stadttore als Ein- bzw. Ausgänge in das soziale und bauliche Gefüge.

Im Süden stand – hinter einer Brücke über den Leimbach – das 'Untere Tor' und im Nordosten das 'Obere Tor' mit einer Anbindung an die Straße Richtung Heidelberg. Drei Wehrtürme am südöstlichen Teil der Stadtmauer sind uns noch heute von der mittelalterlichen Befestigungsanlage erhalten: das 'Dörndl', der 'Sauermilchhaffe' und der 'Runde Eckturm'.

Über die Entstehung der Wieslocher **Burg**, die vermutlich an der Wende zum 13. Jahrhundert auf einer Erhebung am Nordwestrand der Ortschaft errichtet wurde, gibt es weder aus schriftlichen Quellen noch aus archäologischen Befunden genaue Zeugnisse: Dennoch war sie für die Entwicklung der Ansiedlung sicherlich von großer Bedeutung. Erstmals schriftlich erwähnt wurde sie in besagter Urkunde von 1288, aus der wir erfahren haben, dass Wiesloch bereits Stadt war.

In der Zeit von 1288 bis 1296 soll, das berichtet uns eine andere Quelle, die Wieslocher Burg dem Pfalzgrafen Rudolf als Sitz

Miniatur des Minnesängers von Wissenlo in der Manessischen Liederhandschrift.

Minnesänger von Wissenlo

Nur vier Wächter- oder Tagelieder des Minnesängers 'von Wissenlo' sind uns aus zwei mittelalterlichen Liederhandschriften, die in der Universitätsbibliothek Heidelberg verwahrt werden, erhalten. Die berühmte Manessische Handschrift enthält dabei neben den Liedern sogar eine farbenprächtige Miniatur, die dem 'von Wissenlo' gewidmet ist. Literaturgeschichtliche Forschungen haben ergeben, dass der Minnesänger seine Liebeslieder Ende des 12. Jahrhunderts verfasst hat. Dabei wird dem Poeten bescheinigt, dass er einen besonders variantenreichen und schöpferischen Umgang mit der mittelhochdeutschen Sprache pflegt. Eine geschickte Wortwahl und die Klangfülle seiner Lieder, die eine der Situation angemessene Zartheit und Wärme ausstrahlt, zeichnen ihn zusätzlich aus.

Merian-Stich von Wiesloch aus dem 17. Jahrhundert. Am linken Ortsrand ist die Burg zu sehen, in der Mitte die alles überragende ehemalige St. Laurentius-Kirche und rechts davon der Freihof.

gedient haben. Hier hielt er, als das Heidelberger Schloss durch einen verheerenden Brand unbewohnbar war, des Öfteren Hof und stellte Urkunden aus. In den folgenden Jahren geriet die Burg als Spielball in die Tausch- und Erbgeschäfte der adligen Welt und wechselte mehrfach ihren Besitzer.

Anfang des 15. Jahrhunderts hielt König Ruprecht auf der Wieslocher Burg Hof, und 1570 weilte sogar Kaiser Maximilian in ihren Mauern. All dies spricht dafür, dass die Burganlage in Wiesloch an Größe und Ausstattung durchaus noblen Besuchern und Anlässen gerecht werden konnte.

Den Dreißigjährigen Krieg überstand das Schloss – wie es ab dem 17. Jahrhundert bezeichnet wurde – ohne größere Schäden. Im Pfälzischen Erbfolgekrieg, der Wiesloch im Jahr 1689 in voller Härte heimsuchte, erlitt das Bollwerk jedoch so schwere Beschädigungen, dass es später abgerissen werden musste. Lediglich die Grundmauern des Bergfrieds sind uns noch erhalten: Sie bilden heute die Basis für den Glockenturm der benachbarten St. Laurentius-Kirche.

Auf dem höchsten Punkt des südöstlichen Viertels der mittelalterlichen Stadt Wiesloch stand eine weitere Burganlage: der **Freihof**. Über den genauen Zeitpunkt der Errichtung dieser Turmburg haben wir keine direkten Hinweise. Jedoch deuten die noch erhaltenen Zierformen, die gotischen Fenstergewände und vor allem die grob bossierten Buckelquader an den Ecken des massiven Steinbaus auf eine Entstehungszeit zu Beginn des 14. Jahrhunderts hin. Die markanten Treppengiebel an der Nord- und Südseite sind wohl später errichtet worden. Schon damals muss der Freihof ein stattlicher Herrenhof mit einer eigenen Schutzmauer aus Stein rings um das gesamte Hofareal gewesen sein. Innerhalb dieser Mauern siedelten sich zum Schutz jene Bauern an, die an die Besitzer fron- und abgabepflichtig waren. Sie bestellten auch die großen Wirtschaftsflächen auf der Gemarkung, die zum Grundbesitz gehörten. So stellte der Freihof im Spätmittelalter ein eigenständiges Befestigungswerk innerhalb der Wieslocher Stadtmauer dar und war strategisch eine Ergänzung zur Wieslocher Burg. Unter Herzog Otto von Mosbach wurde im Jahr 1425 der damalige Besitzer des Freihofs, Schwarz Reinhard von Sickingen, von allen Abgaben an den Herzog freigesprochen. Aus diesem Privileg resultiert der Name des Gebäudes: Der Hof war frei von jeglichen Abgaben. Das Wappen des Adelsgeschlechts von Sickingen, die fünf 'Schneebälle' auf schwarzem Schild, ziert noch heute den Freihof. Im Laufe der folgenden Jahrzehnte wurde der Besitz häufig als Erbgut in der Familie und Verwandtschaft derer von Sickingen herumgereicht. Die Zerstörungen von 1689 hatten den Freihof weitgehend verschont; er erhielt jedoch anfangs des 18. Jahrhunderts an seiner Ostseite einen Anbau, der die heutige Gestalt des ältesten erhaltenen Wohngebäudes in Wiesloch mit prägt. Aus dieser Zeit stammt auch die erste schriftliche Erwähnung, die mit der heutigen Verwendung des Freihofs als gastronomische Einrichtung in Verbindung gebracht werden kann: In einem Kaufbrief für das Gebäude wurde auch das Recht erkauft, im Freihof Bier zu brauen und Branntwein zu brennen. Seit 1968 ist der Freihof im Besitz der Stadt Wiesloch und wird seither von Pächtern als Restaurant betrieben.

Ein weiteres, das mittelalterliche Stadtbild von Wiesloch beherrschendes Gebäude war die **Kirche** (die heutige evangelische Stadtkirche). In einer Quelle, die bereits aus der zweiten Hälfte des 11. Jahrhunderts stammt, erfahren wir, dass der damalige Bischof von Eichstätt, Grundekar, eine Kirche in Wizzenloch geweiht hat. Wenige Jahre später wird jedoch in der Chronik des Bernhold von St. Blasien über die Zerstörung der Wieslocher Kirche berichtet: König Heinrich IV. – der Canossa-Gänger – ließ während einer kriegerischen Auseinandersetzung das Gotteshaus niederbrennen, als 100 seiner Gegner in ihm Zuflucht gesucht und sich darin verschanzt hatten. Erst zu Beginn des 13. Jahrhunderts erhalten wir dann Nachricht von einer Kirchengemeinde, welcher ein Archipresbyter Swiggerus de Wizzenloch vorgestanden hat. Dem Wormser Synodale von 1496 ist zu entnehmen, dass die Kirche dem Heiligen Laurentius geweiht war und das Kirchenpatronat dem Kloster Lorsch gehörte. Der älteste, heute noch sichtbare Teil der Kirche ist der Kirchturm: Bis zu einer Höhe von 18 Metern datiert er, das haben jüngste Untersuchungen ergeben, in die erste Bauphase der Kirche, also in die Mitte des 11. Jahrhunderts. Die weiteren Teile stammen aus dem frühen 15. Jahrhundert. In dieser Zeit wurden unter Schwarz Reinhard von Sickingen, der die Herrschaft über Altwiesloch hatte und Besitzer des Freihofs war, bauliche Veränderungen an der Größe der Kirche vorgenommen. Das Sickingen-Portal an der Südseite des Kirchenschiffs ist ein sprechendes Zeugnis dieser Bauphase. Bei den Brandschatzungen während des Pfälzischen Erbfolgekrieges wurde 1689 auch die Wieslocher Kirche stark beschädigt; nur der Chor der im 16./17. Jahrhundert nochmals erweiterten Kirche blieb erhalten. So konnte, wie aus einer Mitteilung des damaligen Bürgermeisters zu entnehmen ist, der Gottesdienst nur bei „Leib- und Lebensgefahr“ abgehalten werden. Im Laufe des 18. Jahrhunderts erhielt die heutige Johannes-Kirche bei Erhaltung der alten Bausubstanz ihr jetziges Erscheinungsbild.

Ein blühendes kurpfälzisches Städtchen

Im Schutz seiner Mauern und unter den günstigen wirtschaftlichen Voraussetzungen entwickelte sich Wiesloch im Spätmittelalter und in der frühen Neuzeit zu einem blühenden Städtchen in der Kurpfalz. Die Geschicke der Stadt lenkte seinerzeit ein Stadtschultheiß als Vertreter der Interessen und Belange des Landesherrn – des Kurfürsten in Heidelberg; er sprach auch mit städtischen Schöffen das Recht. Jährlich wurden zwei Bürgermeister gewählt. Ihr Wirkungskreis endete an der Gemarkungsgrenze und ihre Aufgaben und Befugnisse waren exekutiver und judikativer Art: Der eine hatte den Vorsitz bei den städtischen Gerichtsverhandlungen inne, der andere war für die Finanzen und die Rechnungslegung der Gemeinde zuständig. Ihnen stand der Stadtrat – im 16. Jahrhundert ein Gremium, das aus zwölf Personen bestand – zur Seite. Die Räte wurden aus dem Kreis der ehrbaren Bürger der Stadt bestimmt und auf Lebenszeit ernannt; so war eine Kontinuität und eine gewisse Exklusivität des Gremiums gewährleistet. Das gesamte städtische Schriftwesen und dessen

Jüdisches Leben

Bis in die Mitte des 14. Jahrhunderts lassen sich die schicksalsträchtigen Wurzeln jüdischen Lebens in Wiesloch zurückverfolgen. Mal als willkommene Geldgeber geduldet und schließlich in Ungnade verjagt, dann zur Belebung des Handels und der Wirtschaft in der Kurpfalz wieder ins Land gerufen, stets waren die Juden der Willkür des Kurfürsten ausgeliefert.

Eine Blütezeit in Toleranz, verbunden mit einer gegenseitigen Bereicherung, brachte dann das 19. Jahrhundert: Außer in Wiesloch gab es seinerzeit auch in Baiertal eine große jüdische Gemeinde, und hier wie dort hatten beide als Zentren ihres religiösen Lebens repräsentative Synagogen erbauen lassen.

Ein Relikt der jüdischen Geschichte von größter kulturhistorischer Bedeutung ist der jüdische Friedhof von Wiesloch, dessen Anfänge in der Mitte des 17. Jahrhunderts liegen. Er diente auch den jüdischen Gemeinden von Rohrbach bis Nußloch und von Ketsch bis Meckesheim als 'Verbandsfriedhof', um hier ihre Toten zu bestatten.

Überlieferung lag in der Hand des Stadtschreibers. Aus seiner Feder stammt wohl auch das 'Wieslocher Zinsbuch de anno 1557', das uns in einer Abschrift aus dem 18. Jahrhundert noch überliefert ist. In ihm sind sowohl jene Rechte als auch Pflichten der Stadt Wiesloch und der angrenzenden Gemeinden sowie die ihrer Bürgerschaft festgehalten, die von alters her ihre Gültigkeit hatten.

Zahlreiche Zünfte von Wieslocher Handwerkern wie Gerber und Schuhmacher, Küfer und Bierbrauer, Färber und Seifensieder sowie Schneider und Weber mit ihren verfassten Zunftordnungen und Protokollen zeugen von einer gesunden Wirtschaft in der Stadt; sie spiegeln ein harmonisches und geordnetes Leben in der Stadt wider.

Dem Aufschwung in der Stadt entsprach ein gewachsenes Selbstbewusstsein der Bürger gegenüber ihrem Landesherrn. Die Kurfürsten in Heidelberg spielten wegen ihres Hofamts als Erztruchsessen im Reich eine gewichtige Rolle, die ihnen nicht viel Zeit ließ, sich um ihr Territorium und um die Städte darin zu kümmern. Die Wieslocher sahen darin – wie die Bürger anderer Städte in der Kurpfalz auch – eine Chance, ihre Unabhängigkeit weiter auszubauen und die althergekommenen Verpflichtungen abzustreifen. Nicht nur, dass sie bei Reparaturen am Wieslocher Schloss die dazu erforderlichen Materialien mit „roß und handt zu dem aldasigen Schloss" zu fahren und zu verarbeiten hatten, nach dem Wieslocher Zinsbuch von 1557 waren die Wieslocher Bürger außerdem noch dazu verpflichtet, den Zehnten Teil ihrer Acker- und Weinerträge in Heidelberg abzuliefern. Gerade über die Zehntabgaben kam es ein ums andere Mal zu Auseinandersetzungen mit dem kurfürstlichen Verwaltungsapparat, wodurch die Wieslocher im Laufe der Zeit in der ganzen Kurpfalz für ihre Renitenz berühmt-berüchtigt wurden.

Die renitenten Wieslocher Bürger – eine Anekdote:

Die Bewohner des Dorfs Weingarten bei Karlsruhe mussten – ebenso wie die Wieslocher – ihren Weinzehnt an den Kurfürst in Heidelberg entrichten. Da Wiesloch auf halber Strecke zwischen dem Weinort und Heidelberg liegt, nahmen die braven Weingartner an, die Wieslocher würden ihre Fuhre an der südlichen Gemarkungsgrenze der Stadt übernehmen und mit ihren Gespannen vollends nach Heidelberg mit transportieren. Doch weit gefehlt! Stadtbürger und Administration widersetzten sich unter Androhung von Prügeln für die Weingartner diesem Ansinnen, sie weigerten sich sogar, die fremde Weinfuhre durch die Stadttore passieren zu lassen. Bei grimmiger Kälte mussten sich die Weingartner auf Feldwegen nach Nußloch durchschlagen. Künftig, so ließen die verängstigten Weingartner wissen, wolle man wegen der Leibes- und Lebensgefahr die Weinfuhre eine halbe Stunde vor Wiesloch auf einer Brücke abstellen, damit sie dort abgeholt werden könne. Aus Wiesloch hieß es darauf nur, von dort könne den Wein nach Heidelberg fahren, wer immer dies tun wolle, die Wieslocher jedenfalls nicht.

Kriege, Zerstörungen, Wiederaufbau

Das 17. Jahrhundert brachte Kriegswirren und Zerstörungen ins Land und in die Stadt Wiesloch. Der Dreißigjährige Krieg (1618–1648) und seine verheerenden Auswirkungen unterbrachen die bis dahin weitgehend friedliche Entwicklung. Wie überall fügten auch in Wiesloch Einquartierungen, durchziehende Truppen und Plünderungen der Bevölkerung großen Schaden und persönliche Verluste zu. Zwei Gefechte fanden auf der Wieslocher Gemarkung statt: eines im April 1622 zwischen Tilly und Mansfeld, ein anderes im August 1632; dieses wurde von Matthäus Merian auf einem Kupferstich mit dem Titel 'Delineation des Treffens so zwischen den Schwedischen und Keyserischen bey Wiseloch vorgangen' festgehalten und in seinem 'Theatrum Europaeum' veröffentlicht. Ein Verzeichnis des damaligen Wieslocher Stadtschreibers berichtet, dass am Ende des Krieges insgesamt 61 Morgen an Feldgütern, Weinbergen und Wiesen öd lagen und verwüstet waren.

Doch der eigentliche, tiefergreifende Schicksalsschlag für das städtische Gemeinwesen Wiesloch sollte 57 Jahre später erst noch folgen: Am 28. Januar 1689 wurde

Im August 1632 lieferten sich schwedische und kaiserliche Truppen auf Wieslocher Gemarkung ein Gefecht.

Wiesloch im Zuge des Pfälzischen Erbfolgekrieges von französischen Truppen heimgesucht und fast völlig niedergebrannt. Der Befehl des französischen Königs Louis XIV.: „Brûlez le Palatinat – Brennt die Kurpfalz nieder!" traf Wiesloch in voller Härte; die Stadt glich einem Ruinenfeld, und die in Jahrhunderten gewachsene bauliche Struktur ging fast gänzlich verloren.

Im Zuge des Wiederaufbaus nach dieser Katastrophe errichteten die Wieslocher im Jahr 1713 am Marktplatz jenes Rathaus, das noch heute – inzwischen allerdings unter der Bezeichnung '**Altes Rathaus**' – repräsentativer Mittelpunkt der Stadt ist. Die beim Brand vernichteten Urkunden, Dokumente und Amtsbücher, die für das städtische Gemeinwesen von großer Wichtigkeit waren, wurden sorgfältig anhand der noch erhaltenen Unterlagen erneuert oder nach dem Gedächtnis neu verfasst. Doch nicht alle Lücken ließen sich seinerzeit schließen, vieles war leider unwiederbringlich verloren, und so bleiben bis zum heutigen Tag in dem Bild, das wir uns von der mittelalterlichen Stadt Wiesloch und dem Leben darin machen, etliche weiße Flecken.

Im Jahr 1738 erteilte Kurfürst Carl Philipp dem Orden der Augustiner-Eremiten von Münnerstadt die Genehmigung, in Wiesloch eine Kirche mit Klostergebäude und Hospiz zu erbauen. Im Stil des Spätbarock entstand zwischen 1746 und 1751 eine neue katholische Kirche unterhalb des ehemaligen Wieslocher Schlossbereichs – die heutige **St. Laurentius-Kirche**. Gemäß den Regeln des Ordens ist das Äußere der Kirche sehr schlicht gehalten. Im Inneren begegnen wir jedoch den typischen Spätbarock- bzw. Rokokoelementen: Feiner Stuck und symbolträchtige, großformatige Gemälde an den Decken und über den Altären verleihen der Kirche eine besonders festliche Ausstrahlung. Die Altargemälde stammen von Johann Anwander, dem begabten Spross einer schwäbischen Malerfamilie, der viele Kirchen in Schwaben und Tirol mit Fresken und Altarblättern ausgestattet hat. Ende des 19. Jahrhunderts wurde das Kirchenschiff in östlicher Richtung verlängert und um eine Empore ergänzt. Seine jüngste Renovierung erhielt das Wieslocher Barockkleinod im Jahr 1988.

Amtsstadt und industrielles Zentrum

Gegen Ende des 18. Jahrhunderts wurde es der Wieslocher Bevölkerung innerhalb der ehemaligen Stadtmauern, die zum größten Teil abgerissen worden waren, zu eng. Die stark gewachsene Bevölkerung – die Stadt hatte damals mehr als 1 500 Einwohner – machte eine neue Wohnbebauung außerhalb der traditionellen Stadtgrenzen notwendig. Südlich des Leimbachs entstand daraufhin die Untere Vorstadt mit Wohnhäusern und landwirtschaftlichen Anwesen.

Nach dem Tod von Kurfürst Karl Theodor 1799 erfolgte die Regierung der rechtsrheinischen Pfalz von München aus. Im Reichsdeputationshauptschluss von 1803 wurde das Territorium schließlich der Markgrafschaft Baden zugeschlagen, aus der später das Großherzogtum Baden gebildet wurde. Bei der darauf folgenden großen Verwal-

Lithographie des Wieslocher Künstlers Ludwig Braun aus der ersten Hälfte des 19. Jahrhunderts.

tungsreform wurde Wiesloch zur Amtsstadt ernannt; 1806 erhielt das Großherzogliche Bezirksamt, dem mehr als ein Dutzend umliegender Gemeinden zur behördlichen Verwaltung untergeordnet waren, seinen Sitz in der Stadt. Ein Amtsgericht und ein Gefängnis sollten in den folgenden Jahren noch hinzukommen. So entwickelte sich die junge Badische Amtsstadt Wiesloch bereits in der ersten Hälfte des 19. Jahrhunderts zu einem kulturellen und administrativen Mittelpunkt an der südlichen Bergstraße.

Um die Mitte des Jahrhunderts setzte für Wiesloch schließlich eine rasante Entwicklung auf wirtschaftlichem Gebiet ein. Am 15. April 1843 fuhr zum ersten Mal ein Eisenbahnzug auf der neu eröffneten Bahnstrecke zwischen Heidelberg und Karlsruhe – gesteuert von Hannsjörg Benz, dem Vater des späteren Automobilerfinders Carl Benz. Den Zubringerdienst zum knapp drei Kilometer vor der Stadt gelegenen Staatsbahnhof bewerkstelligten zunächst Pferdefuhrwerke der örtlichen Posthalterei, ab 1886 die neu geschaffene Wieslocher Pferdebahn.

1901 erhielt Wiesloch einen Bahnhof innerhalb des Stadtbezirks, ab diesem Zeitpunkt verkehrten zwei elektrische Triebwagen der 'Wieslocher Nebenbahn' zwischen dem Stadt- und dem Staatsbahnhof. Gleichzeitig wurden Bahnstrecken nach Meckesheim sowie nach Waldangelloch eröffnet und so die Umlandgemeinden über Wiesloch mit dem staatlichen Bahnnetz verbunden. Mit der Anbindung an das moderne Fortbewegungsmittel hielt die Industrialisierung auch in Wiesloch Einzug.

Das alte Postamt mit Pferdebahn.

In unmittelbarer Nachbarschaft zum Staatsbahnhof öffnete 1897 die 'Thonwaren-Industrie Wiesloch AG' ihre Tore. Sie produzierte aus dem hochwertigen Ton der Wieslocher Gemarkung, der schon zu Zeiten Karls des Großen zur 'Wieslocher Ware' verarbeitet worden war, bis in die 1980er-Jahre hinein industriell gefertigte Dachziegel und Backsteine. In ihrer Blütezeit während der 1950er-Jahre waren über 350 Beschäftigte dort tätig.

Auch der Erzbergbau, dessen Ursprünge auf der Wieslocher Gemarkung bis in die spätkeltisch–germanische Zeit (1. Jahrhundert v. Chr.) zurück reichen, erlebte in der zweiten Hälfte des 19. Jahrhunderts eine neue Blüte. Im Unterschied zu den vorangehenden römischen und mittelalterlichen Abbauphasen wurden dabei aber die Erze nicht mehr wegen des geringen Silbergehalts abgebaut, sondern wegen ihrer Galmeivererzung, aus der Zink gewonnen wurde. Die Autonomiebestrebungen und Rüstungspläne der nationalsozialistischen Machthaber erzwangen in den 1930er-Jahren einen weiteren Ausbau der Abbaukapazitäten. Fast 45 000 Tonnen Roherz mit einer Zinkausbeute von bis zu 37 Prozent wurden jährlich von nahezu 400 Bergleuten zu Tage gefördert. Nach dem Krieg zeigte es sich, dass das Bergwerk gegen die ausländische Konkurrenz auf dem Weltmarkt nicht mehr rentabel fördern konnte – am 31. März 1954 wurde der Betrieb endgültig eingestellt.

Bergbau in Wiesloch.

Im Leder herstellenden und verarbeitenden Gewerbe, das in Wiesloch auf eine lange Tradition zurückblickt, entstanden Industriebetriebe von überregionaler Bedeutung. Die Schuhfabrik Steingoetter/Greiff und später die Vereinigte Leder- und Schuhfabrik Löchner und Düppe fertigten bis Ende der

Weinstadt Wiesloch

Die fruchtbaren Böden und das milde Klima in der hiesigen Region waren für die vielseitige Entfaltung der Landwirtschaft von Wiesloch maßgebend. Allen voran natürlich der Weinbau, der spätestens seit dem 12. Jahrhundert in beträchtlichem Umfang nachweisbar ist. Wein aus Wiesloch war schon damals als Naturalabgabe an Hoheiten aller Art sehr begehrt und brachte den hiesigen Winzern neben ihrem Haustrunk für den Eigenbedarf auch noch ein gesichertes Einkommen. Um den Wein zu lagern und ihn reifen zu lassen, braucht man natürlich Fässer, folglich entwickelte sich parallel zum Weinbau das Handwerk der Küfer in Wiesloch besonders stark aus. Aus den Eichen, die in den Wäldern auf der Gemarkung gepflanzt und gewachsen waren, stellten sie mit viel Geschick Fässer und Zubehör für die Weinbereitung her. Heute baut der Winzerkeller Wiesloch jährlich etwa 16 Millionen Liter Wein von 19 umliegenden Ortsgenossenschaften aus und vermarktet als Zentralkellerei das flüssige Kulturgut.

1960er-Jahre Schuhe, die wegen ihrer Strapazierfähigkeit bei den Kunden besonders begehrt und geschätzt waren.

Zum bedeutendsten Wirtschaftsfaktor im Amtsbezirk Wiesloch und in der Stadt selbst entwickelte sich um die Jahrhundertwende allerdings der Tabakanbau. Wie Pilze schossen Zigarrenfabriken zur Verarbeitung des Tabaks aus dem Boden. Die Fingerfertigkeit von Frauen war zur Herstellung der Zigarrenwickel und für die Aufbringung der hochwertigen Deckblätter besonders gefragt und brachte ihnen neben der Hausarbeit Arbeitsplätze sowie den begehrten Nebenverdienst zum Wohl der Familie.

Mit dem technischen und wirtschaftlichen Fortschritt während der Industrialisierung des 19. Jahrhundert war selbstverständlich auch ein Wandel innerhalb der Stadt Wiesloch verbunden. Weitere Behörden ließen sich nieder, neue Schulen wurden gebaut, und mit der Errichtung der Heil- und Pflegeanstalt Wiesloch (heute Psychiatrisches Zentrum Nordbaden) zu Beginn des 20. Jahrhunderts war die Orientierung Wieslochs zur Dienstleistungsstadt eingeleitet. Auch die Eingliederung der bis dahin selbstständigen Gemeinde Altwiesloch im Jahr 1908 gab der Stadt einen Bevölkerungszuwachs und neue Entfaltungsmöglichkeiten. Die Wirtschaftslage verschlechterte sich in den turbulenten Jahren zwischen 1918 und den 1930er-Jahren. Da die Bevölkerung rasant angewachsen war, musste die Wohnungsnot beseitigt werden. Die Aufstellung von stillgelegten Eisenbahnwaggons in einer provisorischen Kleinsiedlung im Süden der Stadt – der Volksmund nannte sie 'Waggonia' – brachte eine kleine Linderung. Mit den wirtschaftlichen und sozialen Missständen wuchs der Nährboden für einen radikalen Umbruch, der den Vorstellungen der NSDAP zugute kam. Die Gleich- und Ausschaltung der demokratischen Einrichtungen in der Stadt war die Folge, und trotz Widerständen in der Bevölkerung kam es nach 1933 zu Demütigungen und Unterdrückungen von einzelnen Personen und ganzen Familien aus politischen, religiösen und rassistischen Gründen. Die Grundsteinlegung für die Neudorfsiedlung Frauenweiler wurde am 1. Februar 1937 als Verdienst der nationalsozialistischen Machthaber gefeiert. Geschickt hatten sie es verstanden, sich die gesamte Planung der Stammarbeitersiedlung auf ihre Fahnen zu schreiben.

Die damalige Heil- und Pflegeanstalt Wiesloch, Vorläufer des heutigen Psychiatrischen Zentrums Nordbaden (PZN), in der Bauphase.

Einige Krankengebäude des PZN weisen einen Fenstertypus auf, der 1910 als 'Wieslocher Normalfenster' patentiert wurde. Das Fenster lässt sich nur in kleinen Teilflächen öffnen, so dass auf die Anbringung von Fenstergittern verzichtet werden konnte.

Panorama-Postkarte mit Blick über Wiesloch, um die Jahrhundertwende.

Während des Zweiten Weltkrieges blieb Wiesloch von größeren Zerstörungen und Opfern in der Zivilbevölkerung weitgehend verschont, so dass in der Nachkriegszeit eine rasche Weiterentwicklung unter demokratischen Vorzeichen eintrat. Dabei war das vordringliche Problem, für die zahlreichen Flüchtlinge und Vertriebenen in Wiesloch und Umgebung eine Bleibe zu schaffen und sie in der neuen Heimat heimisch werden zu lassen.

Auf dem Weg ins neue Jahrtausend

Von größter Bedeutung für die wirtschaftliche Entwicklung Wieslochs war Mitte der 1950er-Jahre die Ansiedlung der Schnellpressenfabrik Heidelberg AG mit ihren Produktionsstätten auf der Gemarkung. Mehrere Tausend Arbeitnehmer aus Wiesloch und den umliegenden Gemeinden fanden einen sicheren Arbeitsplatz.

Im Zuge der Kreis- und Gemeindereform der 1960er-Jahre in Baden-Württemberg kam am 31. Januar 1972 der Zusammenschluss der bis dahin selbstständigen Gemeinden Baiertal und Schatthausen mit der Stadt Wiesloch zustande. Am 1. Januar 1973 wurde Wiesloch schließlich zur Großen Kreisstadt erhoben und im Landesentwicklungsplan als Mittelzentrum ausgewiesen.

Bereits Anfang der 1960er-Jahre begannen die Planungen für die Entwicklung und Sanierung der Wieslocher Kernstadt, die dann Schritt für Schritt realisiert wurde und heute fast abgeschlossen ist. Der Ausbau einer Fußgängerzone in der Innenstadt, dort wo sich einst der Pkw-Verkehr der Bundesstraße 3 durch die Stadt quälte, und die Einbindung neuer Bauvorhaben in das Stadtbild schafften eine Aufwertung und eine angenehme Atmosphäre für den gesamten Kernstadtbereich. Seither gilt Wiesloch im Rhein-Neckar-Raum als beliebte Stadt zum Bummeln und Einkaufen mit einem freundlichen, kleinstädtischen Flair.

Seit 1966 pflegt Wiesloch eine rege Partnerschaft mit Sturgis in Michigan/USA; jährliche Begegnungen von Schulen und regelmäßige Besuche von Gruppen und Privatpersonen halten die Beziehungen über den Atlantik aufrecht. Nicht ganz so alt ist die Partnerschaft mit der französischen Stadt Fontenay-aux-Roses im südlichen Großraum von Paris; sie besteht seit 1974. Die Partnerschaftsfamilie erhielt 1998 noch Zuwachs: Zabkowice Ślaskie (ehemals Frankenstein) in Polen kam als jüngster Spross hinzu. Auf kultureller und karitativer Ebene bestehen außerdem freundschaftliche Beziehungen zu der Stadt Amarante in Nordportugal.

1992 wurde das Kultur- und Veranstaltungszentrum PALATIN seiner Bestimmung übergeben und erfüllt seither seine Funktion als kulturelle Einrichtung für die Einwohner von Wiesloch und für die der Umgebung.

Mit dem Bezug des neuen Verwaltungszentrums Wiesloch der MLP Finanzdienstleistungen AG im Jahr 2001 wurde ein weiterer Schritt für die wirtschaftliche Zukunft der Großen Kreisstadt Wiesloch eingeleitet.

Die gemeinsamen Entwicklungsziele, die Wiesloch mit seiner Nachbarstadt Walldorf vereinbart hat, weisen noch weiter in die Zukunft: Mit der Verbesserung des ÖPNV, verbunden mit einer Aufwertung des Bahnhofareals sowie der Anlage eines Gewerbeparks in unmittelbarer Nachbarschaft, sollen die ehemals starren Gemarkungsgrenzen überschritten und die Perspektiven für die Regionalität des hiesigen Ballungsraums eröffnet werden. Damit ist ein Grundstein für einen gemeinsamen Weg im neuen Jahrtausend gelegt.

The settlement history of Wiesloch begins as far back as the New Stone Age (around 5,000 B.C.) and can be traced practically without interruption through to the Middle Ages. Within this time-frame, one major period of settlement activity is around the time of the Roman settlement. Under Emperor Trajan (98–117 A.D.), a settlement was founded at the intersection of major long-distance travel routes. The existence of this vicus, a rural town, can be traced back to the middle of the third century A.D., and the remains of two temples attest to the flourishing of the town during this period.

The first written mention of Wiesloch can be found in a deed of donation dating from 801 in the Lorsch Codex, and Wiesloch is named as a town for the first time in a deed dated 1288. Features of the town which echo the mediaeval past of Wiesloch are the 'Johannes-Kirche' (St. John's church), the three preserved towers of the town walls, and a fortified castle complex which is described as a 'Freihof'.

In the 17th century, however, the flourishing development of Wiesloch up until that point was abruptly halted by the destruction and ravages of war. During the Thirty Years' War, great damage was inflicted on the population as the town was plundered by the troops as they passed through this area. However, the true stroke of fate came on 28 January, 1689: in the course of the War of the Palatinate Succession, Wiesloch was almost completely razed to the ground by French troops. The command given by the French King Louis XIV – 'Burn the Palatinate to the ground!' – struck Wiesloch with full force. During the 18th century, the town was rebuilt and ultimately expanded beyond its mediaeval town boundaries. The old town hall and the St. Lawrence's church are evidence of this period. In the framework of the secularization of 1803, the territory was then annexed to the territory of the Margravate of Baden.

Around the middle of the 19th century, rapid development in the economic sector finally set in in Wiesloch. With the advent of industrialisation, marked by the railway link to the town established in 1843, new companies now came to set up in Wiesloch: the pottery of 'Thonwaren-Industrie Wiesloch AG', the shoe factory of Steingoetter/Greiff, and at a later date the leatherworkers and shoe manufacturers of the 'Vereinigte Leder- und Schuhfabrik Löchner und Düppe'. Alongside these companies, ore mining and particularly tobacco-growing developed into significant economic factors for the area. However, Wiesloch is equally best-known for its viticulture, which has been evident in considerable scope ever since the 12th century. Today, the winegrowers' cooperative of Winzerkeller Wiesloch tends vines through 19 surrounding local cooperatives and produces 16 million litres of wine annually, serving as a central wine producer to market this liquid product of local culture.

At the start of the 20th century, a further change took place in the town, as the establishment of the Wiesloch Psychiatric Therapy and Care Centre today known as the Psychiatric Centre of Northern Baden ushered in the orientation of Wiesloch to become a service-based town. With the incorporation of Altwiesloch in 1908, which until that time had been a separate community, a population expansion began which resulted in increasing housing shortages as a result of the worsening economic situation in the years following the First World War. In order to alleviate the situation, initially an area of accommodation was created using redundant railway carriages, and finally the new rural settlement area of Frauenweiler was founded in 1937.

During the Second World War, Wiesloch largely escaped serious destruction. In the post-war period, the most pressing problem was to create places to stay in and around Wiesloch for the numerous refugees and expellees, and to enable them to found a homestead and feel at home there.

Events of major importance for the economic development of Wiesloch were the establishment of the rapid printing machines factory Schnellpressenfabrik Heidelberg AG in the mid-1950s, the joining of the two previously independent communities of Baiertal and Schatthausen to the town of Wiesloch in 1972, and thirdly the raising of the status of Wiesloch to that of a 'Große Kreisstadt' (major town of a Kreis) in 1973. The most notable features of Wiesloch's more recent development include completion of the urban renewal work, the opening of the PALATIN conference and cultural centre in 1992, and in 2001 the occupation of its new administration centre by the financial services company MLP Finanzdienstleistungen AG.

Looking to the future, improvements to the infrastructure and close cooperation with the neighbouring town of Walldorf are set to expand the opportunities for the regional development of this conurbation.

Les premières traces de population à Wiesloch remontent aussi loin qu'au Néolithique (5000 avant Jésus-Christ environ) et peuvent être prouvées pratiquement sans interruptions jusqu'au Moyen Age avec un point fort lors de la colonisation romaine. C'est en effet sous l'empereur Trajan (98–117 après Jésus-Christ) qu'une communauté voit le jour ici, au carrefour de quelques-unes des routes lointaines importantes à l'époque. L'existence de cette ville rurale, de ce 'vicus', dont les ruines de deux temples témoignent encore de l'apogée, peut être mise en évidence jusqu'au milieu du 3ème siècle.

Wiesloch fait sa première apparition dans les chroniques dans un acte de donation daté de 801 dans le 'Codex Lorsch' avant d'être, cette fois-ci, mentionnée en tant que ville dans un autre document datant de 1288. L'église Saint-Jean, les trois tours encore conservées des murs d'enceinte de la ville ainsi que les fortifications d'un château fort 'Freihof' sont les témoins de ce passé médiéval.

Au 17ème siècle cependant, l'évolution jusque-là florissante de Wiesloch est brusquement interrompue par les troubles de la guerre et les destructions. Pendant la Guerre de Trente Ans, les troupes de soldats qui se succèdent pillent la région, infligeant de graves dommages à la population. Le coup du sort le plus grave reste cependant celui du 28 janvier 1689 : la ville de Wiesloch est pratiquement rayée de la carte par les troupes françaises à la suite de la guerre de succession du Palatinat électoral. L'ordre du roi de France Louis XIV : 'Brûlez le Palatinat' a touché Wiesloch de plein fouet. Au 18ème siècle, les habitants entament la reconstruction de Wiesloch qui s'étend désormais au-delà de l'ancien périmètre de la ville médiévale. L'Ancien Hôtel de Ville et l'église Saint-Laurent témoignent, dans leur forme actuelle, de cette époque. Le territoire est ensuite octroyé au margraviat de Bade lors de la sécularisation en 1803.

Vers le milieu du 19ème siècle, Wiesloch connaît enfin un développement économique rapide. Les débuts de l'industrialisation sont marqués par le raccordement au chemin de fer en 1843 ainsi que par l'implantation de nouvelles entreprises dans la région : la 'Thonwaren-Industrie Wiesloch AG' (tuilierie d'argile), l'usine de chaussures Steingoetter/Greiff ou, plus tard, la 'Vereinigte Leder- und Schuhfabrik Löchner und Düppe' (cuir et chaussures). L'exploitation de minerais et le tabac plus particulièrement deviennent également des facteurs économiques importants. Wiesloch est cependant surtout connu pour son activité vinicole dont l'importance n'a pas fléchie depuis le 12ème siècle. Aujourd'hui, les caves vinicoles de Wiesloch cultivent ce produit culturel liquide et le commercialisent, en tant que caves centrales, année après année environ 16 millions de litres de vin produits par les 19 coopératives des environs.

Au début du 20ème siècle, la ville connaît une autre grande transformation et devient un centre prestataire de services grâce notamment à l'aménagement de l'hôpital psychiatrique de Wiesloch (l'actuel PZN, le centre psychiatrique nord-badois). L'incorporation en 1908 de la commune jusque-là autonome d'Altwiesloch entraîne une augmentation de la population qui, en raison de la situation économique déplorable après la Première Guerre Mondiale, entraîne une crise du logement. Pour remédier à cette situation, les gens sont installés dans des wagons ferroviaires désaffectés avant que ne soit créé, en 1937 finalement le nouveau village périphérique de Frauenweiler.

La ville de Wiesloch est largement épargnée lors de la Seconde Guerre Mondiale et n'a pas à déplorer de gros dégâts. Le problème prioritaire de l'après-guerre est par contre de trouver suffisamment de logements pour accueillir les nombreux réfugiés et expulsés à Wiesloch ainsi que dans les environs et leur offrir une nouvelle demeure où ils puissent se sentir chez eux.

L'implantation de la société de machines à imprimer rapides Schnellpressenfabrik Heidelberg AG au milieu des années 1950, l'unification en 1972 des communes de Baiertal et de Schatthausen avec la ville de Wiesloch et enfin l'avancement de la ville au rang de chef-lieu principal de Kreis en 1973 sont tous des facteurs qui ont grandement favorisé l'essor économique de Wiesloch. Quant à la période la plus récente, citons notamment la rénovation du centre-ville, l'ouverture en 1992 du grand centre culturel PALATIN ainsi qu'en 2001 l'emménagement dans le nouveau centre administratif de Wiesloch de la société de services financiers MLP Finanzdienstleistungen AG.

Wiesloch se propose à l'avenir de multiplier les perspectives de régionalisation de l'agglomération locale par une amélioration des infrastructures et une coopération plus étroite avec la ville voisine de Walldorf.

Inhalt

Luftbildaufnahme von Wiesloch aus den 1950/60er-Jahren

Herzlich begrüßt Wiesloch seine Besucher an den Ortseingängen. Wenn der Himmel über der Stadt in den weiß-blauen Farben des Stadtwappens erstrahlt, erreicht die offene, wein- und leutselige Lebensart der Wieslocher ihre Höchstform.

Wiesloch extends a warm welcome to visitors at the entrances to the town. When the sky over the town radiates with the blue and white colours of the town's coat of arms, the open and hospitable wine-loving mentality of the residents of Wiesloch finds its truest expression.

Les visiteurs sont accueillis amicalement dès leur arrivée aux portes de Wiesloch. Lorsque le ciel au-dessus de la ville revêt le blanc et le bleu de ses armes, les habitants de Wiesloch, avec leur savoir-vivre franc, affable et bachique, sont en pleine forme.

Auf den Grundmauern des Bergfrieds der ehemaligen Wieslocher Burg ist der Glockenturm der benachbarten St. Laurentius-Kirche erbaut. Das schmiedeeiserne Tor davor zieren die Insignien von Großherzog Friedrich I., der von 1856 bis 1907 mit seiner Gemahlin Luise von Preußen, der Tochter von Kaiser Wilhelm I., mit großer Sympathie die Geschicke von Baden lenkte. Die Nachbildung der stattlichen Krone erinnert an die gedeihliche Entwicklung, welche die Amtsstadt Wiesloch im 19. Jahrhundert erfahren hat.

The bell-tower of the neighbouring St. Lawrence's church is built on the foundation walls of the keep of the former castle known as the Wieslocher Burg. The wrought iron gate in front of it bears the insignia of the Grand Duke Friedrich I, who skilfully directed the affairs of the state of Baden from 1856 to 1907 with his wife Louise of Prussia, the daughter of emperor Kaiser Wilhelm I. The representation of the impressive crown recalls the beneficial development which Wiesloch enjoyed during the 19th century as an 'Amtsstadt' (administrative town).

Le clocher de l'église voisine Saint-Laurent a été construit sur les murs de fondation du donjon de l'ancien château fort de Wiesloch. Le portail en fer forgé est décoré aux armes du grand-duc Frédéric le qui, avec son épouse Louise de Prusse, fille de l'empereur Guillaume Ier, présida à la destinée de la Bade entre 1856 et 1907 avec beaucoup de sympathie. Les détails de la copie de la magnifique couronne qui le surmonte rappellent le développement profitable que connut la ville de Wiesloch au 19ème siècle comme siège administratif.

Der Blick von Süden auf die Kernstadt bietet eine harmonische Dachlandschaft, überragt von dem markanten Turm der evangelischen Johannes-Kirche, daneben der Glockenturm der heutigen St. Laurentius-Kirche mit dem historisierenden Nachbau des früheren Wieslocher Schlosses.

The view from the south towards the town centre presents a harmonious panorama of roofs, above which rises the impressive tower of the Protestant church St. John's, with alongside it the bell-tower of the St. Lawrence's church, with the rebuilding in the historic style of the former castle, the Wieslocher Schloss.

Vue du sud sur le centre-ville avec l'ensemble de ses toitures harmonieuses dominées par l'imposant clocher de l'église protestante Saint-Jean et, à côté, celui de l'actuelle église Saint-Laurent avec la construction historisante d'après l'ancien château de Wiesloch.

Mehr als 250 Jahre Architekturgeschichte in spannungsreichem Kontrast vereint: Altes und Neues Rathaus am Wieslocher Marktplatz.
Das Alte Rathaus, 1713 an der Stelle des zerstörten Ratsgebäudes errichtet, wird noch heute als Standesamt und Versammlungsort genutzt und ist der repräsentative Mittelpunkt der Stadt. Kunstvolle Fensterleibungen prägen sein Äußeres. Im Inneren kommen besonders die bunten Kunstverglasungen mit Darstellungen der für die Wieslocher Geschichte bedeutsamen Personen, Wappen und Siegel zur Geltung.

Over 250 years of architectural history, united in a resonance of contrasts: the Old Town Hall and the New Town Hall in the market square in Wiesloch. The Old Town Hall, built in 1713 on the site of the destroyed town council building, is still used today as a Registry Office and meetings venue, and it is the prestigious centre-point of the town. Artistic window casings are a feature of the building's exterior. The interior notably showcases work in stained glass representing the people, the coats of arms and the seals which are important in the town's history.

Plus de 250 ans d'histoire architecturale réunis dans un ensemble plein de contrastes : l'Ancien et le Nouvel Hôtel de Ville sur la Place du Marché de Wiesloch. L'Ancien Hôtel de Ville, érigé en 1713 sur l'emplacement du bâtiment du conseil municipal après sa destruction, qui abrite aujourd'hui encore le bureau de l'état civil et est également utilisé en tant que lieu de réunion, demeure le centre représentatif de la ville. Des ébrasures de fenêtre réalisées avec art dominent l'extérieur de l'édifice tandis que l'intérieur est particulièrement mis en valeur par les beaux vitrages multicolores figurant les personnages ayant compté dans l'histoire de Wiesloch ainsi que les armes et les sceaux de la ville.

'WIR – **W**iesloch, **I**nnovatives **R**athaus' ist das Motto und Selbstverständnis, das sich die Stadtverwaltung und der Gemeinderat gegeben haben. Freundlich, transparent und mit zahlreichen Kunstwerken geschmückt, präsentiert sich das Innere des Neuen Rathauses, das 1978 erbaut wurde.
Neben den Service-Einrichtungen der Verwaltung haben hier – ein Zeichen besonderer Bürgernähe – auch zwei Lokale ihr Domizil.

'WIR – **W**iesloch, **I**nnovatives **R**athaus' (Wiesloch, innovative town hall) is the slogan and the identity which have been adopted by the town's administration and the town council. The interior of the New Town Hall, built in 1978, is welcoming, light, and decorated with a number of works of art.
In addition to the service facilities for the administration, this building also houses two pubs – a sign of how close the town administration is to the town's citizens!

'WIR – **W**iesloch, **I**nnovatives **R**athaus' (Wiesloch, mairie de l'innovation) : voilà la devise et l'identité choisies par la municipalité et ses conseillers.
Dès qu'ils pénètrent dans le Nouvel Hôtel de Ville construit en 1978, les visiteurs découvrent un intérieur agréable, transparent et orné de nombreuses oeuvres d'art. Outre les divers services administratifs, deux établissements gastronomiques y ont élu leur domicile – ce qui signifie que la ville est très proche de ses citoyens.

'Vergangenheit, Gegenwart, Zukunft' heißt die 1988 eingeweihte Gruppenplastik des Künstlers Karel Fron auf dem Marktplatz. Das Ensemble fasst die 700-jährige Geschichte seit der urkundlichen Ersterwähnung als Stadt 1288 symbolisch zusammen. 'Karin', das Mädchen, verkörpert die Jugend und die Zukunft, die in Bewegung und Blick Kontakt mit der Gegenwart hält.

'Past, present and future' is the title of the group of statues by the artist Karel Fron, inaugurated in the market square in 1988. The ensemble is a symbolic representation of the ful 700-year history of Wiesloch from its first recorded mention as a town in 1288. 'Karin', the girl, embodies youth and the future, which maintains contact with the present the way she moves and looks ahead.

'Le passé, le présent et l'avenir' est le nom donné au groupe de sculptures de l'artiste Karel Fron inauguré en 1988 sur la Place du Marché. Ce groupe résume de manière symbolique les 700 ans d'histoire de la ville depuis sa première mention officielle en tant que telle en l'an 1288. 'Karin', la jeune fille, incarne la jeunesse et l'avenir qui, tout en se mouvant et en regardant en avant, reste en contact avec le présent.

Die mittelalterliche Bausubstanz Wieslochs wurde Ende des 17. Jahrhunderts weitgehend zerstört. Nur wenige der danach errichteten Gebäude sind als Fachwerkbauten ausgeführt worden.

The mediaeval buildings of Wiesloch were largely destroyed at the end of the 17th century. Only a few of the buildings put up after that time were built in the half-timbered style.

Les bâtiments médiévaux de Wiesloch ont été quasiment tous détruits au 17ème siècle. Seules quelques demeures construites pendant la période qui a suivi ont été exécutées en colombages.

Blick vom Marktplatz in die Hauptstraße, im Hintergrund die St. Laurentius-Kirche. 'Herzlich willkommen zum Wieslochbummeln' lautet der Slogan des hiesigen Einzelhandels. Ein Großteil der Straßen und Gassen im Zentrum von Wiesloch ist als Fußgängerzone angelegt, in der es sich flanieren und feiern lässt.

View from the market square towards the main street, with St. Lawrence's church in the background. 'A cordial invitation to stroll through Wiesloch' is the motto embraced by the retailers there. A large number of the streets and lanes in the centre of Wiesloch are designated as a pedestrian area, where you are welcome to stroll and to have a good time.

Vue de la Place du Marché sur la rue Principale avec, à l'arrière-plan, l'église Saint-Laurent. 'Invitation à flâner dans la ville de Wiesloch' : voilà le slogan du commerce de détail. La plupart des rues et des ruelles dans le centre de Wiesloch sont conçues comme zones piétonnes et invitent à la flânerie ainsi qu'à y faire la fête.

Am Treffpunkt von Markt- und Hauptstraße, den beiden Hauptachsen im Zentrum, weicht die Bebauung dem evangelischen Kirchplatz; hier war früher der Friedhof von Wiesloch. Dem Minnesänger 'von Wissenlo', der mit vier Tageliedern in der berühmten Manessischen Liederhandschrift vertreten ist, wurde an dieser Stelle eine Bronzeplastik von Hatto Zeidler gewidmet. Sie zeigt den ersten Wieslocher Poeten mit Harfe auf einem Stein sitzend. Daneben liegt das ehemalige Wohnhaus des Apothekers Johann Philipp Bronner (1792–1864), der mit seinen wissenschaftlichen Studien den Weinbau in Deutschland und in der Region maßgeblich beeinflusst hat.

At the meeting-point of the market street and the main street, the two major arteries in the central area of the town, the buildings lining the streets give way to an open space accommodating the Protestant church St. John's; this was formerly the site of Wiesloch's cemetery. Here, a statue in bronze by Hatto Zeidler commemorates the mediaeval minnesinger 'von Wissenlo', four of whose aubades are included in the famous manuscript minnesong collection known as the 'Manessische Liederhandschrift'. It depicts the first Wiesloch poet sitting on a stone and playing the harp. Next to this the visitor finds the former dwelling of the apothecary Johann Philipp Bronner (1792–1864), whose scientific studies had a considerable influence on wine-growing in Germany and particularly in the region.

Au carrefour de la rue du Marché et de la rue Principale, les deux axes principaux du centre de la ville, les maisons cèdent la place à la vaste esplanade de la place de l'Eglise protestante où s'étendait autrefois le cimetière de Wiesloch. Une sculpture en bronze de Hatto Zeidler est ici dédiée au ménestrel 'von Wissenlo' que l'on retrouve avec quatre chansons dans le célèbre recueil manuscrit de chansons d'amour de Manesse ('Manessische Liederhandschrift'). Elle montre le premier poète de Wiesloch avec une harpe et assis sur une pierre. Juste à côté, la maison est celle de l'ancien domicile de l'apothicaire Johann Philipp Bronner (1792–1864) qui, grâce à ses études scientifiques, a eu une influence prépondérante sur la viticulture en Allemagne et plus particulièrement dans la région.

Den 5. August 1888 dürfte Willi Ockel nicht so schnell vergessen haben: Unverhofft stand ein neuartiges dreirädriges Vehikel vor seiner Apotheke. Der couragierten Fahrerin des Gefährts, Bertha Benz, Ehefrau des Automobilerfinders Carl Benz, war auf der Fahrt nach Pforzheim der Treibstoff ausgegangen. Mit ein paar Litern Ligroin, der Hausfrau von einst als Waschbenzin bekannt, konnte Ockel seinerzeit weiterhelfen. So wurde die Stadtapotheke von Wiesloch zur ersten Tankstelle der Welt. Heute erinnert ein Kunstwerk von Pit Elsasser an diese spektakuläre Begebenheit.

August 5, 1888 is a date which the apothecary Willi Ockel was not likely to have forgotten in a hurry: unexpectedly, a novel three-wheeled vehicle came to a halt outside his shop – its courageous driver, Bertha Benz, the wife of the inventor of the automobile, Carl Benz, had run out of fuel whilst travelling to Pforzheim. Ockel came to the rescue on this occasion by providing her with a few litres of ligroine, a petroleum ether long known to every housewife of the time as a cleaning agent. This made the Wiesloch town apothecary into the world's first petrol station. Today, a work of art by Pit Elsasser commemorates this spectacular episode.

Willi Ockel a certainement eu du mal à oublier cette journée du 5 août 1888 quand il a vu soudain s'arrêter un véhicule d'un nouveau genre à trois roues devant son officine avec, à son volant, la courageuse Bertha Benz, épouse de l'inventeur de l'automobile Carl Benz, qui était tombée en panne d'essence alors qu'elle se rendait à Pforzheim. Grâce à quelques litres de ligroïne, que les ménagères de l'époque connaissaient mieux sous le nom de benzine, Ockel put la dépanner : c'est ainsi que la pharmacie de Wiesloch devint la première station-service du monde. Aujourd'hui, une oeuvre d'art réalisée par Pit Elsasser immortalise cet inoubliable événement.

Nach neuesten Untersuchungen stammt der untere Teil des Turms der evangelischen Stadtkirche aus dem 11. Jahrhundert und ist somit der romanischen, dreischiffigen Pfeilerbasilika zuzuordnen, die archäologisch als Vorgängerbau nachgewiesen ist. Den gotischen Chor und das Schiff der Kirche zieren stimmungsvolle Verglasungen aus der Mitte des 19. Jahrhunderts, mit deren Stiftung sich wohlhabende Bürger ein bleibendes Andenken geschaffen haben.

The latest research indicates that the lower part of the bell tower of the Protestant town church dates from the 11th century, and it thus belongs to the remnants of the Romanesque pillared three-nave basilica which archaeological investigation has shown to be the previous building on the site. Atmospheric stained-glass windows dating from the mid-19th century grace the Gothic choir and the nave of the church, and provide a lasting memory to the affluent citizens of the time under whose patronage these windows were created.

Des études archéologiques récentes ont révélé que la partie inférieure du clocher de l'église municipale protestante date du 11ème siècle et qu'elle est donc un vestige de la basilique à piliers romane à trois nefs sur laquelle elle a été construite. Le choeur gothique et la nef de l'église sont décorés de vitraux du milieu du 19ème siècle plein d'atmosphère. Ils ont été offerts par des citoyens aisés voulant que leur mémoire soit toujours honorée.

Auf der Tuchbleiche, jenseits des Leimbachs, hatten die Gänse der Wieslocher ihre 'Weide'. Die Gänseliesel holte die schnatternden Geflügeltiere morgens, beaufsichtigte sie tagsüber und lieferte sie abends wieder bei ihren Besitzern ab. Zur Erinnerung an diesen Brauch schuf der Bildhauer Helmut Waldherr eine Plastik vor der historisierenden Stadtmauer.

The area known as the 'Tuchbleiche' (bleachery), on the far side of the Leimbach river, is the site of the former day pastures for the town's geese. The goose-girl collected the gaggling poultry in the mornings, looked after them during the day, and returned them again to their owners in the evenings. Recalling this tradition, the sculptor Helmut Waldherr created a statue which is situated beyond the town wall erected in the historic style of the era.

Les oies de Wiesloch avaient autrefois leur 'pâturage' dans le 'Tuchbleiche' (pré où l'on blanchissait le linge), situé au-delà du Leimbach. La gardeuse d'oies allait chercher ses ouailles criaillantes le matin, les surveillait pendant la journée et les ramenait le soir à leurs propriétaires. Le sculpteur Helmut Waldherr a réalisé une sculpture devant l'enceinte historisante de la ville pour rappeler cette tradition.

Eine Vorgabe bei der architektonischen Gestaltung des Neuen Rathauses war es, dieses in Form und Größe seinem Umfeld einzugliedern. Dachneigung und -bedeckung wurden aus der Umgebung aufgenommen und in moderner Bauweise umgesetzt. Um den einstigen Verlauf der zerstörten mittelalterlichen Stadtmauer aufzuzeigen, wurde als harmonischer Abschluss eine Mauer errichtet, die Alt und Neu verbindet.

One of the requirements of the architectural design for the New Town Hall was to incorporate the building in terms of its form and size into that of its surroundings. The ideas for the slope of the roof and the material used to cover the roof were drawn from the surrounding houses, and incorporated into a contemporary building design. To show the former course of the destroyed mediaeval town wall, a new wall was built as a harmonious conclusion to the former one, linking Old and New.

Lors de la construction du Nouvel Hôtel de Ville, les architectes furent tenus de veiller à ce que, de par la forme et la taille, l'édifice s'intègre harmonieusement dans son environnement. Pour cela, ils ont adopté l'inclinaison et la couverture des toits des édifices voisins en les incorporant dans un style d'architecture moderne. Afin que l'ancien tracé du mur d'enceinte médiéval détruit reste visible, un mur a été édifié qui relie harmonieusement l'ancien au nouveau.

Im mittelalterlichen Wehrturm Dörndl und seinem Gründerzeit-Anbau ist heute das Städtische Museum untergebracht. Eine Abteilung widmet sich der vorgeschichtlichen und römischen Vergangenheit Wieslochs. Eine weitere greift die bis in die 1950er-Jahre reichende Wieslocher Bergbaugeschichte auf. Ein nachgebauter Bergwerksstollen vermittelt eindrücklich die harten Arbeitsbedingungen unter Tage.

The Town Museum is housed today in the mediaeval defensive tower, the 'Dörndl', and the building added on in the last quarter of the 19th century. One section of the museum is given over to the prehistoric and Roman past of the town of Wiesloch. Another section recalls the mining history of Wiesloch, which was active until as late as the 1950s. A reconstruction of a mine tunnel gives an impressive feel for the hard working conditions underground.

La tour fortifiée du rempart médiéval 'Dörndl' et l'annexe ajoutée vers la fin du 19ème siècle, abritent aujourd'hui le Musée Municipal où une section est consacrée à la période préhistorique et au passé romain de la ville de Wiesloch. Une autre section reprend l'histoire minière de Wiesloch qui se poursuit jusque dans les années 1950. Une galerie reconstruite illustre de manière impressionnante les pénibles conditions de travail qui régnaient au fond de la mine.

Die benachbarte Röhrgasse hat ihren Namen von einem Röhrbrunnen, der hier früher zur Versorgung des Stadtviertels mit fließendem Wasser seinen Standort hatte.

The neighbouring lane, the Röhrgasse, takes its name from a stand-pipe formerly located on the site to provide this area of the town with running water.

La ruelle Röhrgasse tout à côté doit son nom au 'Röhrbrunnen' (colonne d'alimentation) qui alimentait autrefois d'ici le quartier en eau courante.

Im Mittelhochdeutschen, der Sprache des Mittelalters, heißt 'torn' so viel wie Turm, ergänzt man das Diminutiv 'el' und lässt Dialekt und Volksmund noch ein bisschen daran arbeiten, so erhält man den Namen 'Dörndl' für den ehemaligen Wehrturm an der Wieslocher Stadtmauer, dessen ursprüngliche Bedeutung eben Türmchen gewesen ist.

In Middle High German, the language used in Germany during the Middle Ages, the word 'torn' means 'tower', and with the addition of the diminutive ending '-el' and a slight allowance for the twin effects of dialect and local vernacular, the name 'Dörndl' emerges as the name of the former defensive tower in the Wiesloch town wall, with an original meaning of 'little tower'.

En moyen haut allemand, la langue du Moyen Age, le mot 'torn' signifie plus ou moins tour. Si l'on y ajoute le diminutif 'el' ainsi qu'une petite touche de dialecte et de langage populaire, on obtient le mot 'Dörndl', nom qu'a reçu l'ancienne tour fortifiée du mur d'enceinte de Wiesloch et dont le sens d'origine signifie donc 'petite tour'.

Ein markanter Blickfang im Altstadtpanorama Wieslochs: der Treppengiebel des Freihofs. Die frühere steinerne Turmburg hat ihren Ursprung Anfang des 14. Jahrhunderts. Den Fachwerkanbau erhielt das trutzige Hauptgebäude erst 300 Jahre später. Längere Zeit war der Freihof im Besitz der Adligen von Sickingen. Ihr Wappen – fünf Schneebälle auf schwarzem Schild – ziert noch immer das älteste Wohngebäude Wieslochs, in dem sich heute ein Restaurant befindet.

An imposing sight in the panorama offered by the old town of Wiesloch: the stepped gable of the 'Freihof'. The earlier stone turret castle had its origins as far back as the start of the 14th century. The half-timbered addition to the defensive main building was added only some 300 years later. For a long time, the 'Freihof' was owned by the aristocratic family von Sickingen. Their coat of arms – five snowballs on a black shield – still graces the oldest residential building in Wiesloch, which today houses a restaurant.

Le mur de pignon en forme d'escalier de l'ancien château fort 'Freihof' domine le panorama de la vieille ville de Wiesloch. L'ancien château fort à tourelle en pierre fut construit au début du 14ème siècle et l'annexe à colombage fut rajouté à l'imposant corps principal 300 ans plus tard seulement. Longtemps propriété des nobles de Sickingen dont le blason – cinq boules de neige sur un écu noir – décore toujours le plus vieil édifice de Wiesloch, le 'Freihof abrite aujourd'hui un restaurant.

WEINRESTAURANT

Früher wurde auf diesem Platz der Fischmarkt abgehalten, heute trägt er den Namen der amerikanischen Partnerstadt Sturgis in Michigan. Nicht nur wegen des von Otmar Alt 1985 gestalteten Brunnens 'Die große Wieslocher Blume' erfreut sich dieser Bereich der Fußgängerzone großer Beliebtheit, auch das schmucke Ambiente lädt zum Verweilen und Feiern ein.

This square was once home to the fish market, and today it bears the name of the town's American twin town, Sturgis in Michigan. This area of the pedestrian precinct is popular not only on account of the fountain designed by Otmar Alt in 1985, and entitled 'Die große Wieslocher Blume', but also because of the inviting atmosphere which attracts visitors to stay a while and enjoy themselves there.

C'est sur cette esplanade qui porte aujourd'hui le nom de la ville jumelée américaine de Sturgis dans le Michigan que se tenait autrefois le marché aux poissons. Cet endroit est très apprécié non seulement à cause de la fontaine 'Die große Wieslocher Blume' réalisée en 1985 par Otmar Alt mais aussi de son atmosphère qui invite à la flânerie et à la fête.

EIS-DOLOMITI

Eis Café Dolomiti

Die Wieslocher sind durch und durch Kurpfälzer: Sie leben gerne gut und lieben es, Feste zu feiern. Das belegen die zahlreichen Veranstaltungen in der Innenstadt jedes Jahr aufs Neue: Ob Wieslocher Mai Jazzsommer, Wein und Markt am letzten Winzerfestwochenende, Herbstmarkt – wie die Feste auch fallen, immer kommen Groß wie Klein auf ihre Kosten und genießen das bunte Treiben in vollen Zügen – und Straßen!

The residents of Wiesloch also identify through and through with the electoral Palatinate region in which they live: they like to enjoy life and love a celebration. The proof of this is the numerous events held in the town centre year by year: whether you are talking about the 'Wieslocher Mai' in spring, 'Jazzsommer', 'Wein und Markt' on the last weekend of the wine-growers' festival, or the 'Herbstmarkt' – whenever a festival takes place, young and old alike are drawn to sample its delights and to enjoy the colourful medley to the full – and in thronging streets!

Les gens de Wiesloch sont des palatins électoraux dans l'âme : ils aiment profiter de la vie et faire la fête ainsi que le prouvent les nombreuses manifestations qui se déroulent chaque année au coeur de la ville : qu'il s'agisse du 'Wieslocher Mai', du 'Jazzsommer', du 'Wein und Markt' lors le dernier week-end de la fête des vendanges, du marché d'automne – quelle que soit l'occasion, il y en a pour tout le monde, grands et petits, et tous savent jouir pleinement de l'animation qui règne dans les rues de la ville!

Das schlichte Äußere der einstigen Klosterkirche des Augustiner-Eremitenordens täuscht. Im Inneren erstrahlt die Kirche, die dem Heiligen Laurentius geweiht ist, in spätbarockem Glanz.
Die Altarbilder malte Johann Anwander: im Hochaltar den Augustinerheiligen Nikolaus von Tolentino, im linken Seitenaltar die Heilige Monika, die Mutter Augustinus', und rechts eine Szene aus dem Leben von Augustinus selbst.

The restrained exterior of the former monastery church of the Augustinian Order of Hermits is deceptive. On the inside, the church – dedicated to Saint Lawrence – is ablaze with Late Baroque glory. The triptych was painted by Johann Anwander: on the high altar, the image is of the Augustinian Saint Nicholas of Tolentino, on the left side altar there is Saint Monica, the mother of Augustine, and to the right there is a scene from the life of Augustine himself.

L'extérieur simple de l'ancienne église conventuelle de l'ordre des ermites augustins est trompeuse. La décoration dans le style du baroque tardif resplendi à l'intérieur de l'église consacrée à saint Laurent. Les triptyques d'autel sont l'oeuvre de Johann Anwander : il a peint dans le maître-autel le saint des Augustins, Nicolas de Tolentino, dans l'autel latéral sainte Monique, la mère d'Augustin, et à droite une scène de la vie d'Augustin lui-même.

n der Hauptstraße kann
nan beim Einkauf noch
ein 'Schwätzchen' hal-
en. Auf dem Adenauer-
olatz vor der Kirche
naben beim Wochen-
narkt die Händler das
Sagen. Hier kann man
südländisches Flair
schnuppern und Obst,
Gemüse und andere
Köstlichkeiten auch aus
regionaler Erzeugung
einkaufen.

In the main street, there is always time to have a chat while you are out shopping. The Adenauerplatz, in front of the church, is home to the weekly market, where the stall-holders always have something new to offer. Here you can find a special Southern Mediterranean charm, and buy fruit, vegetables and other delights, including local regional produce.

On trouve toujours le temps de faire une petite 'parlotte' quand on fait ses courses dans la rue Principale. L'Adenauerplatz juste devant l'église appartient aux marchands lors du marché hebdomadaire où le visiteur pourra trouver une ambiance méridionale et acheter des fruits, légumes et autres choses savoureuses dont des produits du cru.

Jedes Jahr am letzten Augustwochenende beginnt für die Wieslocher die fünfte Jahreszeit: Das Kurpfälzische Winzerfest wird gefeiert. Bei der Eröffnung legen sich die Kraichgauer Trachtengruppe und der Kurpfälzische Fanfarenzug ins Zeug, um die vielen Gäste aus nah und fern in der Stadt am Bacchusbrunnen und in der Eissporthalle willkommen zu heißen. Wenn dann unter der Woche die 33. US-Army-Band spielt, stehen nicht nur die Musiker auf den Bänken und Tischen. Draußen auf dem Festplatz haben Schausteller ihre Attraktionen aufgebaut und sorgen für Nerven- und Magenkitzel.

On the final weekend in August every year, what amounts to the fifth season of the year begins for every resident of Wiesloch, when the town is home to the 'Kurpfälzische Winzerfest'. At the opening ceremony, the Kraichgau folk costume group and the electoral Palatinate Trumpeters perform to welcome the many guests from near and far to the town, and to the 'Bacchusbrunnen' (Bacchus Fountain)and the ice sports stadium. And when the band of the 33rd US Army performs during the week, then it is not only the musicians who stand on the benches and tables. Outside, on the festival square, the stall-holders set up their attractions and provide fun and refreshment for the mind and for the palate.

C'est lors du dernier week-end du mois d'août chaque année que la cinquième saison débute pour les habitants de Wiesloch : il s'agit de la 'Kurpfälzisches Winzerfest'. C'est près de la 'Bacchusbrunnen' (fontaine de Bacchus) ou dans le pavillon de la patinoire où, dès l'ouverture, que le groupe folklorique du Kraichgau et la fanfare palatine se donnent à fond pour souhaiter la bienvenue dans la ville aux nombreux visiteurs venant de près et de loin. Quand, en semaine, le 33ème orchestre de l'armée américaine joue, les musiciens ne sont pas les seuls à monter sur les bancs et les tables. Les forains, une fois qu'ils ont installé leurs attractions sur la place des fêtes procurent des sensations fortes pour l'esprit et pour le palais.

In der unteren Hauptstraße befindet sich heute das Domizil der Sparkasse. Seit ihrer Eröffnung 1863 änderte sie mehrfach ihren Standort und die Unternehmensstruktur – 1934 durch den Zusammenschluss mit den Sparkassen Walldorf, Dielheim und St. Leon zur Bezirkssparkasse, 1999 durch die Fusion mit der Sparkasse Heidelberg zum größten Geldinstitut im Rhein-Neckar-Kreis.
Der Platz gegenüber der Sparkasse ist der französischen Partnerstadt Fontenay-aux-Roses gewidmet. Auf ihm steht eine Plastik von Bernd Kastenholz – eine Spende der Sparkasse –, die den Uznamen 'Stehkragen', den die Wieslocher seit dem 19. Jahrhundert tragen, zum Thema hat.

The lower main street is today home to the 'Sparkasse' (savings bank). Since opening in 1863, it has changed its headquarters and its business structure several times – in 1934 by merging with the savings banks in Walldorf, Dielheim and St. Leon to form a district savings bank or 'Bezirkssparkasse', and in 1999 by merging with the Sparkasse Heidelberg to become the largest financial institution in the Rhine-Neckar region.
The square opposite the savings bank is named after the French twin town of Fontenay-aux-Roses. It holds a statue by Bernd Kastenholz – a donation of the Sparkasse – which takes as its theme the nickname of 'Stehkragen' ('stand-up collar') which has been borne by the people of Wiesloch since the 19th century.

La 'Sparkasse' (caisse d'épargne) a désormais élu domicile dans la partie basse de la Hauptstraße. Depuis son ouverture en 1863, elle a changé plusieurs fois de place et de statut – comme en 1934 où elle est devenue 'Bezirkssparkasse' (caisse d'épargne régionale) après le regroupement des caisses d'épargne de Walldorf, Dielheim et St-Leon ou encore le plus grand institut bancaire dans la région du Rhin-Neckar en 1999 après sa fusion avec la caisse d'épargne de Heidelberg.
L'esplanade en face de la caisse d'épargne est dédiée à la ville jumelée de Fontenay-aux-Roses en France et décorée par une sculpture de Bernd Kastenholz – une donation de la Sparkasse – ayant pour sujet le nom taquin de 'Stehkragen' ('collet montant'), surnom que portent les habitants de Wiesloch depuis le 19ème siècle.

Wider jede grammatikalische Regel nennen die Wieslocher das Flüsschen, das die Gemarkung durchfließt, 'die' Leimbach – hier eine Aufnahme von der nsel unterhalb der Torbrücke.

The small river which lows through the district is called the 'Leimbach' – shown here in a photograph taken from he island close to the gate bridge.

Au mépris de toute ègle de grammaire, es habitants de Wiesoch appellent la petite ivière qui traverse le erritoire communal la' Leimbach – ici une photographie prise de l'île voisine du pont de a porte de la ville.

Der historische Winkel der Stadt: Am Leimbach entlang ist ein Stück der Mitte des 14. Jahrhunderts erbauten Stadtmauer erhalten. Im Schatten des markanten Wehrturms, vom Volksmund humorvoll 'Sauermilchhaffe' getauft, liegen anstelle der früheren Schutzwälle heute Schrebergärten. Als reizvoller Kontrast findet sich hier ein Spielplatz mit modernen Geräten; der Blick über die Spielkugel aus Edelstahl richtet sich auf den früheren Schlachthof, der heute eine Gaststätte mit Veranstaltungsräumen beherbergt.

The historic section of the town: along the Leimbach, a part of the town wall erected in the mid-14th century remains standing. In the shadow of the impressive defensive tower, known locally and affectionately in common parlance as the 'Sauermilchhaffe' (literally, 'sour milk pot'), allotment gardens have today replaced the former protecting rampart barriers. As a delightful contrast, here the visitor finds a children's play area with modern equipment; the view across the stainless steel climbing sphere is towards the site of the earlier abattoir, which now houses a restaurant with function facilities.

Le petit coin historique de la ville avec une partie encore intacte du mur d'enceinte construit au milieu du 14ème siècle le long du Leimbach. A l'ombre de l'imposante tour fortifiée, baptisée populairement avec humour 'Sauermilchhaffe' (cruche de lait caillé), des jardinets ont remplacé les remparts d'antan. En tant que contraste charmant, ici le visiteur trouve un terrain de jeux avec des appareils modernes ; la vue par-delà la boule de jeu en acier surfin donne sur les anciens abattoirs qui abritent aujourd'hui une auberge et des salles de réunion.

Auf der anderen Seite des Leimbachs setzt die Fassade des PALATIN, Kongress- und Kulturzentrum mit Hotel, in Form und Farbe einen reizvollen städtebaulichen Kontrast zur Idylle an der Stadtmauer. Das Innere bietet ein geschmackvolles Ambiente für Kunstdarbietungen auf hohem Niveau. Den Bühnenvorhang im Staufersaal schuf Horst Sauerbruch, die Skulptur 'Ganzheit' im Eingangsbereich stammt aus der Werkstatt der Bildhauer Ute Lechner und Hans Thurner. Die lichte Architektur des Gebäudes eröffnet immer wieder neue Perspektiven auf die Innenstadt.

In terms of form and colour, the façade of the PALATIN Hotel, Conference and Cultural Centre on the other side of the Leimbach makes an attractive contrast, from the viewpoint of town planning, to the idyll of the old town wall. The interior provides a tasteful environment which sets off the high-quality artistic events held there. The stage curtain in the Staufersaal was made by Horst Sauerbruch, and the sculpture entitled 'Ganzheit' in the entrance area is from the workshop of the sculptors Ute Lechner and Hans Thurner. The light, airy architecture of the building repeatedly offers different views of the town centre.

Sur l'autre rive du Leimbach, la façade du PALATIN, palais des congrès et centre culturel avec hôtel, offre un contraste d'urbanisme charmant tant par ses formes que par ses couleurs avec l'idylle le long du mur d'enceinte. L'atmosphère pleine de goût à l'intérieur constitue un cadre idéal pour des représentations artistiques de haut niveau. Le rideau de la scène dans la salle Staufer est l'oeuvre de Horst Sauerbruch, et la sculpture 'Ganzheit' dans le hall d'entrée est sortie de l'atelier des sculpteurs Ute Lechner et Hans Thurner. Grâce à une architecture claire et légère de l'édifice, il est possible d'avoir une belle vue du coeur de la ville sous des perspectives toujours différentes.

Mehr als eine Grünanlage in unmittelbarer Altstadtnähe: der Schillerpark mit der von Rainer Scheithauer entworfenen Kaskade. Hier treffen sich alljährlich im Mai Jugendliche und Junggebliebene zum U-Bahn-Fest des Jugendzentrums und des Kinder- und Jugendbüros der Stadt.

More than just a park within easy reach of the old town: the Schillerpark, with its cascade designed by Rainer Scheithauer. This is where, every year, young people and the young-at-heart gather in May for the 'U-Bahn-Fest' organised by the youth centre and the town's Children and Young People's Office.

Le Schillerpark tout près de la vieille ville est bien plus qu'un simple parc avec sa cascade conçue par Rainer Scheithauer. C'est ici que se rencontrent tous les ans au mois de mai les jeunes et les moins-jeunes à l'occasion de 'l'U-Bahn-Fest' proposée par le centre de la jeunesse et le service des jeunes de la ville de Wiesloch.

n der repräsentativen Villa Hermann sind heute
die Geschäftsstelle und einige Übungsräume der
Musikschule Südliche Bergstraße untergebracht.
Musikbegeisterte finden hier ein vielfältiges Unter-
richtsangebot. Im angrenzenden kleinen Park am
Wieslocher Kulturhaus ragt die Stele 'Wachsendes
Leben' von Lásló Szábo in die Höhe.

The business office and some of the practice rooms for the music school Südliche Bergstraße are today housed in the imposing Villa Hermann. Lovers of music will find a wide range of music tuition being offered here. In the small adjoining park by the Wiesloch House of Culture, a stele entitled 'Wachsendes Leben' by Lásló Szábo rises into the air.

La majestueuse villa Hermann abrite aujourd'hui le bureau ainsi que certaines salles d'études de l'école de musique Südliche Bergstraße qui propose à tous les passionnés de musique un programme d'enseignement musical varié. La stèle 'Wachsendes Leben' de Lásló Szábo se dresse dans le petit parc adjacent à la maison de la culture de Wiesloch.

STADT. VOLKSSCHULE

STADT. VOLKSSCHULE

)ass Bildung für die Stadt Wiesloch bereits Anfang les 20. Jahrhunderts ein hohes Gut bedeutete, :eigt die imposante Eingangsfassade der 1900/01 :rbauten Städtischen Volksschule, die heute die Gerbersruh-Hauptschule beherbergt. Für Leseratten eden Alters hält die im benachbarten Kulturhaus untergebrachte Stadtbibliothek spannende Lektüre bereit. In dem 1975 errichteten Gebäude finden egelmäßig auch Ausstellungen und kulturelle Veranstaltungen statt.

The impressive entrance façade of the 'Städtische Volksschule', built in 1900/01, shows that education was already valued by the town of Wiesloch at the start of the 20th century. Today, the building houses the 'Gerbersruh-Hauptschule'. For bookworms of every age, the town's library – accommodated in the neighbouring House of Culture – offers a wide variety of thrilling reading matter. The building, which was put up in 1975, is also home to regular exhibitions and cultural events.

Que l'éducation occupe une place de choix à Wies-och depuis le début du 20ème siècle, cela se voit à l'imposante façade de la 'Städtische Volksschule' construite en 1900/1901 et qui abrite aujourd'hui l'Hauptschule Gerbersruh'. La bibliothèque muni-cipale aménagée dans la maison de la culture voisine propose des ouvrages captivants à tous les rats de bibliothèque. L'édifice construit en 1975 accueille aussi régulièrement des expositions et des manifestations culturelles.

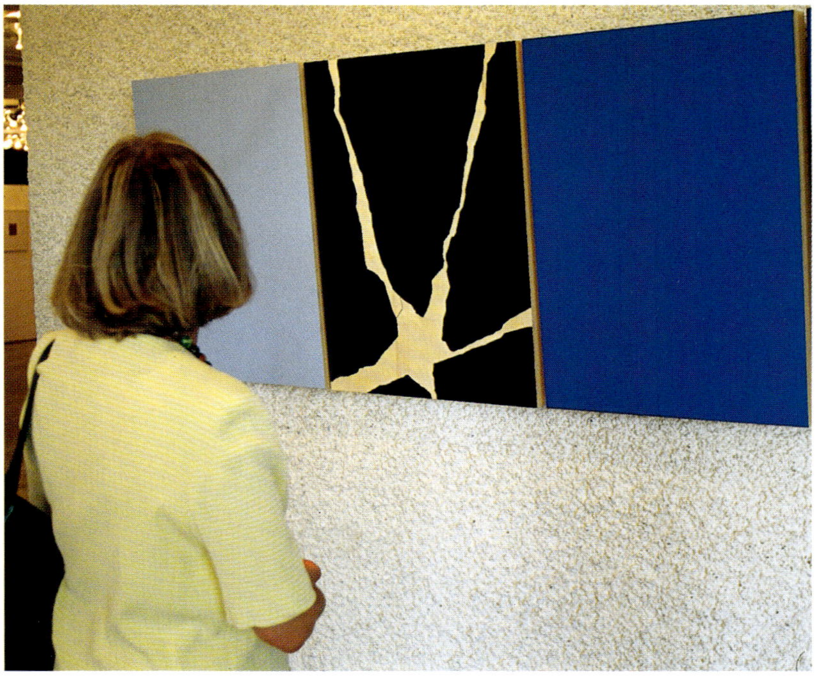

Ein Ensemble, das durch seine architektonische Vielfalt besticht: der ehemalige Schlossbereich. Das 1763/64 nach Plänen von Franz Wilhelm Rabaliatti erbaute Stadtschultheißengebäude (unten links) war im 19. Jahrhundert Wohnsitz des Vorstands des Großherzoglich Badischen Bezirksamts. Die Ruine des Wieslocher Schlosses wurde zur selben Zeit durch ein neues Verwaltungsgebäude (oben links) ersetzt, in das im 20. Jahrhundert die Wieslocher Landwirtschaftsschule einzog. In beiden Barockgebäuden ist heute die Polizei untergebracht. Das Wieslocher Amtsgericht (oben rechts) von 1912 und die heutige Jugendarrestanstalt (unten rechts), 1896/98 erbaut, runden das Bild nach Westen ab.

An ensemble which delights the viewer with its architectural diversity: the former castle area. The Town Mayor's House (below left), built in 1763/64 using plans drawn up by Franz Wilhelm Rabaliatti, was the residence of the President of the Administrative District Office of the Grand Duke of Baden during the 19th century. At that time, the ruins of Wiesloch castle were replaced by a new administrative building (top left), which was taken over by the agricultural college during the 20th century. Today, the two Baroque buildings house the police department. The Wiesloch District court (top right) dating from 1912 and the building erected in 1896/98 which today houses the youth detention centre (bottom right), complete the view to the west.

Un ensemble qui se distingue par sa diversité architectonique : l'ancien périmètre du château. L'édifice de l'ancienne mairie de village (en bas à gauche) construite en 1763/64 d'après les plans de Franz Wilhelm Rabaliatti était au 19ème siècle la résidence du président de l'office régional du grand-duché de Bade. La ruine du château de Wiesloch a été remplacée à la même époque par un nouveau bâtiment administratif (en haut à gauche) dans lequel l'école d'agriculture de Wiesloch a emménagé au 20ème siècle. Les deux bâtiments baroques abritent désormais les services de la police. Le tribunal d'instance de Wiesloch (en haut à droite) de 1912 et l'actuel établissement de détention de mineurs (en bas à droite) construit en 1896/98, complètent la vue vers l'ouest.

Impressionen aus Gerbersruhpark und Dämmelwald: Nach Oberamtmann Leopold Gerber (1774–1851) benannt, erhält der Park auch durch die Aufstellung der Plastik 'La danseuse' von Christian d'Orgeix in einem Buchsbaum-Labyrinth eine weitere Aufwertung.
Der angrenzende Dämmelwald, benannt nach einem alten Gewannnamen, ist das Naherholungsgebiet Nummer eins für die Wieslocher.

Impressions of the 'Gerbersruh' park and the 'Dämmelwald' wood: named after the senior officia Leopold Gerber (1774–1851), the park has been further enhanced by the addition of the sculpture 'La danseuse' by Christian d'Orgeix at the centre of a box maze. The 'Dämmelwald' which borders the park, named after an ancient area of the communal forest, is the favourite relaxation area close to the city of the residents of Wiesloch.

mpressions du parc de 'Gerbersruh' et de la forêt 'Dämmelwald' : ce parc qui doit son nom au président de district Leopold Gerber (1774–1851), a été embelli par l'aménagement de la sculpture La danseuse' de Christian d'Orgeix dans un abyrinthe de buis. La 'Dämmelwald' adjacente, qui doit son nom à celui d'une ancienne parcelle de terrain communale, est le parc de détente de proximité préféré des habitants de Wiesloch.

Schulen und Kindergärten spielen eine wichtige Rolle bei den Investitionen der Stadt Wiesloch. Damit das Lernen und Spielen auch Spaß macht, lässt man bei der Gestaltung des Umfelds große Sorgfalt und Fingerspitzengefühl walten.

Schools and kindergartens play an important role amongst the investments made by the town of Wiesloch. To ensure that learning and structured play are also fun, care and sensitivity were exercised over the design of the learning environment.

La ville de Wiesloch n'hésite pas à investir des sommes importantes dans les écoles et les maternelles. Pour que les enfants puissent apprendre et jouer tout en s'amusant, les concepteurs ont apporté un soin tout particulier à l'aménagement de leur environnement.

Der Brunnen am Pausenhof des Gymnasiums wurde von Rainer Scheithauer gestaltet, er verliert seine Ästhetik selbst dann nicht, wenn kein Wasser sprudelt.

The fountain at the schoolyard of the grammar school was designed by Rainer Scheithauer. It keeps its esthetics even if no water is running.

La fontaine sur la cour de récréation du lycée est agencée de Rainer Scheithauer, il ne perd pas son apparance esthétique même si l'eau ne jaillit pas.

Wieslochs neue Grundschule trägt den Namen von Maria Sibylla Merian, der nicht minder berühmten Tochter des genialen Kupferstechers.

Wiesloch's new primary school bears the name of Maria Sibylla Merian, the no less famous daughter of the brilliant copper engraver.

La nouvelle école primaire de Wiesloch porte le nom de Maria Sibylla Merian qui n'est pas moins célèbre que son père, le génial graveur sur cuivre.

Von der Stadt 1999 erbaut und seither von der Kinderkiste e. V. betrieben, ist der Kindergarten Pusteblume eine moderne Kindertagesstätte mit Blick in die Zukunft.

Built by the town in 1999 and run since then by the registered club 'Kinderkiste', the kindergarten 'Pusteblume' is a modern day-care centre for children which is geared up for the future.

Construite par la ville en 1999 et gérée depuis par l'association 'Kinderkiste', la maternelle 'Pusteblume', qui accueille les enfants pendant la journée, est un établissement moderne et orienté vers l'avenir.

Die Pestalozzi-Schule im Stadtteil Baiertal ist die einzige kombinierte Grund- und Hauptschule in der Stadt.

The 'Pestalozzi-Schule' in the Baiertal district of the town is the only combined school comprising primary and secondary classes in the town.

La 'Pestalozzi-Schule' dans le quartier de Baiertal est la seule école combinée avec cycles primaire et secondaire.

Auch außerhalb der Schulzeit wird der Pausenhof der Realschule als Treffpunkt und Spielplatz genutzt.

The playground of the 'Realschule' (junior high school) is also used by children and youngsters outside the school lesson times as a meeting-place and play area.

Même en dehors des classes, la cour de récréation de la 'Realschule' (collège) reste un lieu de rendez-vous et un terrain de jeux pour les enfants et les jeunes.

Das Waldstadion an der Gerbersruhanlage bietet optimale Bedingungen für sportliche und andere Veranstaltungen. Nicht nur der Andrang beim jährlichen Stadtlauf ist groß, der Durst der Teilnehmer ist es – wie die Wasserflaschen verraten – auch. Und wer sich lieber gleich ganz ins erfrischende Nass stürzen möchte, der findet im modern eingerichteten Freibad am Waldangelbach die erhoffte Abkühlung.

The 'Waldstadion' next to the 'Gerbersruh' park area provides the ideal setting for staging sports and other events. It is not only the level of interest shown in the annual town run which is huge – the thirst of those taking part is similarly huge, as evidenced by the large number of water-bottles. And if you would prefer instead to take a full plunge into the refreshing coolness of water, then the open-air pool on 'Waldangelbach' with its modern facilities provides the ideal chance to cool down.

Le 'Waldstadion' près du parc de 'Gerbersruh' offre des conditions idéales pour les manifestations sportives et autres. Il n'y a pas que l'affluence qui est grande lors de la course annuelle communale, la soif des participants l'est également – ainsi que l'atteste le grand nombre de bouteilles d'eau. Et pour ceux qui préfèreraient se jeter directement à l'eau, la piscine en plein air prés du 'Waldangelbach' et ses installations modernes leur offrira le rafraîchissement souhaité.

Neue städtebauliche
\kzente setzen der
Hoschket-Kreisel und
der anliegende Neubau,
n dem das Arbeitsamt
und ein Hotel ihr
Domizil bezogen haben.
Die kinetische Plastik
von Hans-Michael Kissel
beweist, dass sich ver-
kehrstechnische Funk-
tionalität und Ästhetik
sehr gut kombinieren
lassen.

New accents in terms of
town planning are being
set by the 'Hoschket-
Kreisel' and the neigh-
bouring new building,
which includes the
Employment Office
and a hotel. The
moving sculpture by
Hans-Michael Kissel
proves that the func-
tionality of technical
traffic management can
be combined with
aesthetics to produce
pleasing results.

Le 'Hoschket-Kreisel' et
le nouvel édifice atte-
nant qui abrite l'ANPE
ainsi qu'un hôtel appor-
tent de nouveaux ac-
cents dans le paysage
architectural de la ville.
La sculpture cinétique
de Hans-Michael Kissel
prouve qu'il est tout à
fait possible d'associer
fonctionnalité des trans-
ports et esthétique.

Wiesloch hat die größte Druckmaschinenfabrik der Welt – 1957 gegründet von der Heidelberger Druckmaschinen AG. Heute ist Wiesloch mit rund 6 900 Mitarbeitern einer der weltweit 18 Produktionsstandorte des Unternehmens. Der Erfolg der Maschinen auf dem Weltmarkt bringt dem Unternehmen kontinuierliches Wachstum. 'Heidelberg' hat sich vom traditionellen Druckmaschinenherstelle zum Lösungsanbieter für die gesamte grafische Industrie entwickelt.

Wiesloch has the largest printing press factory in the world – founded in 1957 by 'Heidelberger Druckmaschinen AG'. Today, Wiesloch provides around 6,900 employees for the company, and is one of 18 production sites of the company worldwide. The success of the machines on the global market is bringing the company continuing growth. 'Heidelberg' has developed from a traditional printing machine manufacturer to become a solutions provider for the entire graphic arts industry.

C'est à Wiesloch qu'est implantée la plus grande usine de machines à imprimer du monde – fondée en 1957 par la société 'Heidelberger Druckmaschinen AG'. Aujourd'hui, avec un effectif d'environ 6900 personnes, Wiesloch est l'un des 18 sites de production au monde de l'entreprise. Le succès de ses machines sur le marché mondial est tel que l'entreprise connaît une croissance stable. 'Heidelberg', qui fabriquait à l'origine des machines à imprimer traditionnelles, propose aujourd'hui des solutions pour l'ensemble de l'industrie graphique.

m August 1980 schlug die Stunde Null der REWE-Niederlassung Wiesloch – dies war der Anfang einer ınglaublichen Erfolgsstory, die in den ersten 10 Jahren ılle Erwartungen übertraf. Heute werden von Wiesloch aus in einem Ausbreitungsgebiet über ganz Baden-Württemberg, Rheinland-Pfalz, das Saarland und Südhessen bis an die bayrische Grenze 240 miniMal-Märkte, 130 HL-Märkte, 510 Penny-Märkte sowie 130 selbstständige Kaufleute beliefert. Die REWE Niederlassung Südwest bringt dazu heute nahezu 1000 Arbeitsplätze in die Kreisstadt Wiesloch.

August 1980 saw the launch of the Wiesloch branch of REWE – marking the start of an unbelievable success story, which exceeded all expectations in the first ten years of its life. Today, the centre at Wiesloch supplies a distribution area which extends over the whole of Baden-Württemberg, Rheinland-Pfalz, Saarland and South Hesse down to the Bavarian border, and encompassing 240 miniMal supermarkets, 130 HL supermarkets, 510 Penny supermarkets and 130 independents. To achieve this, the REWE Southwest Branch has brought close to 1,000 jobs to Wiesloch.

C'est en août 1980 que commence l'histoire incroyable du succès de la succursale REWE à Wiesloch – il a en effet surpassé toutes les prévisions pendant les dix premières années. Aujourd'hui, la REWE approvisionne depuis Wiesloch 240 supermarchés miniMal, 130 magasins HL, 510 magasins Penny ainsi que 130 commerçants indépendants dans tout le Bade-Wurtemberg, la Rhénanie-Palatinat, la Sarre et la Hesse du Sud jusqu'à la frontière bavaroise. La succursale sud-ouest de REWE fournit aujourd'hui presque 1000 postes de travail à Wiesloch.

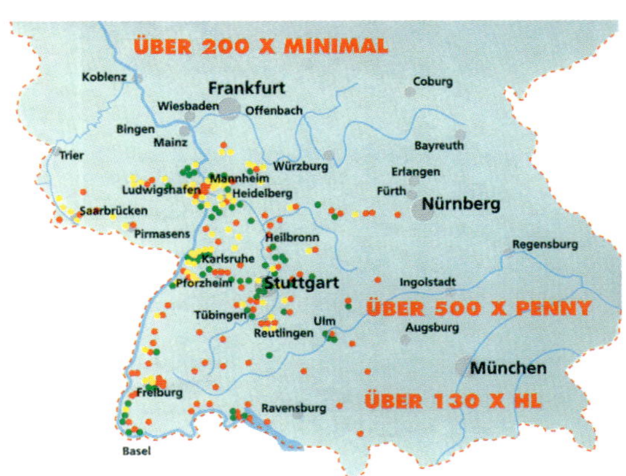

In der für die 1960er-Jahre typischen Kirchenarchitektur ragt in exponierter Lage die katholische Dreifaltigkeits-Kirche zum Himmel. Im Inneren werden die symbolischen Dreiecksformen und Diagonalen des Baukörpers aufgenommen, um zusammen mit der gelungenen Belichtung die zentrale Bedeutung des Altarbereichs zu unterstreichen. Das Altarkreuz und der 'brennende Dornbusch', in dem der Tabernakel untergebracht ist, wurden von Ernst W. Kunz gestaltet.

Typical of the church architecture of the 1960s, the prominently-situated Catholic Trinity church rises up to the heavens. In the interior, there are echoes of the symbolic triangular shapes and diagonals of the building's structure, together with the deliberate use of lighting effects, in order to emphasise the central significance of the altar area. The cross on the altar and the 'burning bush of thorns' housing the tabernacle were designed by Ernst W. Kunz.

Conçue dans le style typique de la construction des églises pendant les années 1960, l'église catholique de la Trinité s'élève sur un promontoire.
A l'intérieur de l'édifice, les formes triangulaires symboliques et les diagonales du corps de bâtiment s'intègrent pour souligner, grâce à un jeu de lumières particulièrement réussi, l'importance centrale de l'autel. Le crucifix de l'autel et le 'buisson ardent' dans lequel se dissimule le tabernacle sont l'oeuvre de Ernst W. Kunz.

Das Zentrum der Islami-
chen Vereinigung Wies-
och und Umgebung e. V.
st die Moschee in den
Auwiesen; das moderne
Gebäude wird nicht nur
als Gebetsraum, son-
dern auch für Veran-
staltungen genutzt.
Die gleiche multifunk-
ionale Nutzung erfährt
das Evangelische Ge-
meindezentrum der
Christus-Pfarrei, dem
außerdem ein Kinder-
garten angegliedert ist.

The mosque in the 'Auwiesen' is the centre for the Wiesloch Islamic Association; the modern building is used not only as a centre for prayer, but also as an events venue.
The same multi-purpose use is enjoyed by the Protestant parish centre of the 'Christus-Pfarrei', which also has a kindergarten attached to it.

La mosquée située dans les 'Auwiesen' est le centre de l'association islamique de Wiesloch et ses environs; consacré à la prière, cet édifice moderne accueille également diverses manifestations. Le centre communal protestant de la paroisse de Jésus-Christ à laquelle est également rattachée une maternelle offre la même polyvalence fonctionnelle.

Kappa Wellpappe Wiesloch wurde 1920 von der Familie Holfelder gegründet und war von 1993 bis 1997 Teil des australischen Verpackungskonzerns 'Amcor'. Kappa Wellpappe Wiesloch ist seit Juli 1997 Tochter von Kappa Packaging und beschäftigt an seinen zwei Standorten in Wiesloch und St. Leon-Rot etwa 300 kompetente und engagierte Mitarbeiter. Eine vielseitige Leistungspalette, das Realisieren kreativer Ideen in der Verpackungsentwicklung sowie eine umfassende und intensive Zusammenarbeit mit den Kunden bilden das Gerüst für Qualitätsprodukte. Kappa Wellpappe Wiesloch ist führender Wellpappenhersteller in Südwestdeutschland und bundesweit Marktführer für Gefahrgutverpackungen.

The corrugated board manufacturers Kappa Wellpappe Wiesloch was founded in 1920 by the Holfelder family, and from 1993 to 1997 it was part of the Australian packaging company group 'Amcor'. Kappa Wellpappe Wiesloch has been a subsidiary of Kappa Packaging since July 1997, and it employs about 300 skilled and committed workers at its two plants in Wiesloch and St. Leon-Rot.
A diverse range of products, the realisation of creative ideas in the development of packaging and a comprehensive and intense collaboration with the client form the basis for producing quality products. Kappa Wellpappe Wiesloch is the leading corrugated board manufacturer in South-West Germany, and the market leader within Germany for packagings for hazardous goods.

La société Kappa Wellpappe Wiesloch a été fondée en 1920 par la famille Holfelder et a appartenu temporairement (entre 1993 et 1997) au consortium australien de l'emballage 'Amcor'. Depuis juillet 1997, Kappa Wellpappe Wiesloch est une filiale de la société Kappa Packaging et emploie sur ses deux sites de Wiesloch et St-Leon-Rot environ 300 personnes compétentes et engagées. Un programme de prestations varié, l'innovation issue des idées créatives dans le secteur de l'emballage ainsi qu'une collaboration étroite et intensive avec les clients sont garants d'une fabrication de produits de qualité. La Kappa Wellpappe Wiesloch est l'une des plus importantes entreprises de l'industrie du carton ondulé dans le sud-ouest de l'Allemagne et le leader allemand sur le marché de la fabrication des emballages pour les marchandises dangereuses.

Der alte Stadtbahnhof hat längst seine ursprüngliche Funktion verloren – Jazz und Marionettentheater bestimmen heute die Szene. Dennoch verfügt Wiesloch im Zweckverband mit Walldorf über ein Nahverkehrssystem, das weiter ausgebaut werden wird: Walldorfer Storch und Wieslocher Löwe auf dem Stadtbus werben für den Verkehrsverbund, dessen Dreh- und Angelpunkt der DB-Bahnhof an der Rheintalstrecke ist. Die geplante Umgestaltung der Station und ihres Umfeldes setzt richtungsweisende Akzente für einen zukunftsorientierten Öffentlichen Personennahverkehr.

The former town railway station has long since ceased to serve in that capacity – today, the site is given over to jazz, and a puppet theatre. Nevertheless, Wiesloch enjoys a local public transport system which is being further extended, run in a functional association with Walldorf: the Walldorf stork and the Wiesloch lion on the side of the town bus advertise the transport association, which uses the German railways (DB) station on the Rhine valley track as a terminus and turn-around point. The planned redesign of the station and its surroundings is setting the tone for the future local passenger transport system.

La vieille gare de la ville n'a plus aucune fonction depuis longtemps déjà – le jazz et le théâtre de marionnettes occupent désormais le devant de la scène. Wiesloch possède cependant, dans le cadre d'un groupe intercommunal avec Walldorf, un système de transport suburbain en plein développement : la cigogne de Walldorf et le lion de Wiesloch plaqués sur les côtés du bus municipal font de la publicité pour le réseau de transport dont le pivot est la gare des chemins de fer fédéraux sur la ligne du 'Rheintal' (vallée du Rhin). La transformation prévue de la gare et du périmètre environnant représente un projet directif visant à créer un transport public de voyageurs sur de courtes distances orienté vers l'avenir.

Ein ganz besonderes Ambiente empfängt den Besucher bei Weckesser Wohndesign in Wiesloch. Wer in diese außergewöhnliche Atmosphäre eintaucht, bekommt Lust auf Veränderungen für sein Zuhause, genießt eine Fülle von Inspirationen, wie fantastisch Wohnen sein kann. In der vierten Generation, seit über 100 Jahren schon, sind bei Weckesser Wohndesign individuelle Betreuung des Kunden, fachliche Kompetenz und Zuverlässigkeit die Grundsätze, auf denen der Erfolg des Hauses begründet ist. Stets am Puls der Zeit, in allen Stilrichtungen topaktuell und mit dem ausgerüstet, was ein echtes Fachgeschäft heute auszeichnet: Dienstleistung. Von der einfühlsamen Beratung mit professionellem Wissen und Können bis zur zuverlässigen und perfekten Lieferung und Montage bietet Weckesser Wohndesign alles, was die Kunden zufrieden stellt und zu Stammkunden werden lässt. So ist Weckesser Wohndesign weit über Wiesloch hinaus für außergewöhnliches Wohnen eine gefragte Adresse.

The visitor to the interior design company 'Weckesser Wohndesign' in Wiesloch is greeted by a quite special atmosphere. As you enter this unusual environment, you are filled with a desire to change your living space – as you come across a wealth of inspirational ideas showing just how uplifting home interiors can be. Now in its fourth generation, having been in existence for over 100 years, at 'Weckesser Wohndesign' the guiding principles are individual advice to clients, specialist expertise and reliability; these form the basis for the company's success. The company always has its finger on the pulse of the time, keeping fully up-to-date with all the style trends and equipped with that element which marks out a genuine specialist business in the modern age: quality customer service. From the sensitive advice offered on the basis of professional knowledge and expertise, through to reliable and faultless delivery and assembly, 'Weckesser Wohndesign' offers everything to make the client happy and to develop that client as a regular customer. That is why people from far beyond Wiesloch beat a path to 'Weckesser Wohndesign' when they are looking for a distinctive home interior.

Une atmosphère très spéciale accueille le visiteur dans le magasin de meubles 'Weckesser Wohndesign'. Dès qu'il y entre, il est envahi par l'envie de changer et aménager son intérieur, inspiré par une foule d' idées créatives et conscient de la fascinatio émanant du mobilier. Depuis plus de 100 ans déjà (la quatrième génération est désormais aux commandes), l'individualisme du service clientèle, la compétence et la fiabilité sont les principes auxquels la maison 'Weckesser Wohndesign' doit son succès. Toujours à la page, exposant tous les styles dernier cri et proposant ce qui distingue un véritable magasin spécialisé : les prestations de service.
Du conseiller discret très professionnel jusqu'au montage en passant par la livraison fiable et irréprochable, 'Weckesser Wohndesign' a tout ce qu'il faut pour satisfaire le client et se l'attacher de manière durable. 'Weckesser Wohndesign' est ainsi une adresse de référence bien au-delà de Wiesloch pour ceux qui sont à la recherche d'un intérieur pa comme les autres.

Am früheren Bahnübergang präsentiert sich heute das neue Gebäude der Volksbank Wiesloch eG. Seine Transparenz spiegelt die Philosophie der Bank wider. Mit ihren über 300 Beschäftigten und 15 Geschäftsstellen ist die Volksbank Wiesloch eG die Bank 'in der Region – für die Region' und ein wichtiger Finanzdienstleister in der südlichen Kurpfalz.

Where the railway crossing used to be, today you will find the new building for the 'Volksbank Wiesloch eG'. The transparence of the building reflects the bank's commercial philosophy. Employing over 300 people in 15 offices, 'Volksbank Wiesloch eG' is the bank 'in the region – for the region', and an important financial services provider in the southern electoral Palatinate area.

La 'Volksbank Wiesloch eG', un bâtiment tout transparent reflétant la philosophie de la banque, a élu son nouveau domicile près de l'ancien passage à niveau. Avec plus de 300 employés et 15 succursales, elle est la banque 'dans la région – pour la région' et un prestataire de services financiers important dans la partie sud du Palatinat électoral.

Gründerzeit und Jugendstil haben den Wieslocher Außenbezirken so manche Villa beschert – ästhetischer Ausdruck der Industrialisierung und der gedeihlichen Entwicklung der Stadt an der Wende zum 20. Jahrhundert. Das gelungene Erscheinungsbild und die Details an Fassaden, Dächern und Fenstern laden zu einer 'Jugendstil-Tour' durch Wiesloch ein.

The period around the last quarter of the 19th century and the Art Nouveau movement, have left their mark through some villa-style buildings in the outskirts of Wiesloch – an aesthetic expression of the industrialisation and the beneficial development of the town during those years. The masterful appearance and the details on façades, roofs and windows invite the visitor to make an 'Art Nouveau tour' of Wiesloch.

La période des années vers la fin du 19ème sciècle et le style Art Nouveau ont vu l'édification de nombreuses villas – une expression esthétique de l'industrialisation et de l'évolution profitable de la ville à cette epoque – dans les quartiers périphériques de Wiesloch. Cet ensemble harmonieux et les superbes détails architecturaux sur les façades, les toitures et les fenêtres invitent à un 'circuit Art Nouveau' à travers Wiesloch.

Die Villa Bronner in der Hauptstraße.

The Villa Bronner in the main street.

La Villa Bronner dans la rue Principale.

Von einem prächtigen Hirschkopf im Giebel gekrönt: das ehemalige Forstamt in der Heidelberger Straße.

Crowned by a magnificent deer's head in the gable: the former Forestry Office in the 'Heidelberger Straße'.

La tête imposante d'un cerf surmonte le pignon de l'ancien bureau d'Inspection des Forêts dans la 'Heidelberger Straße'.

'enster und Fassade der Villa Rose in der Bahnhof-
traße.

Vindows and façade of the Villa Rose in the
Bahnhofstraße'.

'enêtres et façade de la Villa Rose dans la
Bahnhofstraße'.

'assade und Details der Villa des Wieslocher Stein-
netzen Conrad Keller, heute Jugendzentrum, in der
Hauptstraße.

'açade and details of the Villa of the Wiesloch
tone-mason Conrad Keller, today used as a youth
entre, in the main street.

'açade et détails de la Villa du tailleur de pierre
Conrad Keller originaire de Wiesloch, actuel centre
le la jeunesse, dans la rue Principale.

Das Psychiatrische Zentrum Nordbaden (PZN) wurde am 20. Oktober 1905 als Großherzoglich Badische Heil- und Pflegeanstalt im Norden Wieslochs eröffnet. Der in ein 100 Hektar großes Parkgelände eingebettete Komplex umfasst heute 75 Gebäude, deren ältere, im Pavillon-Stil errichtete unter Ensembleschutz stehen. An die 'Euthanasie-Aktion T4' zur Zeit des Nationalsozialismus erinnert ein Mahnmal. Nach Kriegsende wurden die Häuser renoviert und um moderne Bauten ergänzt. Heute ist das PZN mit seinen rund 1400 Mitarbeitern und jährlich 7000 Patientenaufnahmen und -entlassungen das größte Fachkrankenhaus für Erwachsenenpsychiatrie in Baden-Württemberg. Das PZN beherbergt allgemein-psychiatrische und psychotherapeutische Abteilungen, Sucht und Entwöhnung, einen Maßregelvollzug sowie ein psychiatrisches Wohn- und Pflegeheim. Ein Seminar- und Fortbildungsinstitut (die Akademie im Park) rundet das Angebot ab. Das PZN steht Spaziergängern und Besuchern offen: Patienten profitieren von diesen sozialen Kontakten, Vorurteile können abgebaut werden.

The 'Psychiatrisches Zentrum Nordbaden' (PZN – the North Baden Psychiatric Centre) was opened on October 20, 1905 under the title of the 'Großherzoglich Badische Heil- und Pflegeanstalt' in the north of Wiesloch. The complex, which nestles in parkland covering 100 hectares, today comprises 75 buildings, the oldest ones of which, built in the Palladian style, are listed buildings. A memorial was erected there to recall the 'T4 Euthanasia Action' carried out under the National Socialists. At the end of the war, the buildings were renovated and supplemented with modern buildings. Today, with its 1400 employees and 7000 patient admissions and discharges annually, the PZN is the largest specialist hospital for adult psychiatry in Baden-Württemberg. The PZN comprises general psychiatric and psychotherapy departments, departments for the addiction and the treatment for curing alcoholics and drug addicts, a section for disciplinary measures, and a psychiatric residential and care home. The facilities also provide venues for the 'Akademie im Park', a seminar and further training institute. The PZN is open to people walking the grounds and to visitors: patients benefit from these social contacts, and prejudices can be counteracted.

Le 'Psychiatrisches Zentrum Nordbaden' (PZN – centre psychiatrique nord-badois) a ouvert ses portes le 20 octobre 1905 sous le nom de 'Großherzoglich Badische Heil- und Pflegeanstalt' au nord de Wiesloch. Ce complexe intégré dans un grand parc de 100 hectares comprend aujourd'hui 75 bâtiments dont les plus anciens, érigés sous forme de pavillons, sont classés monuments historiques. Un monument expiatoire rappelle la participation de cet établissement au 'programme d'euthanasie T4' à l'époque du national-socialisme. Après la fin de la guerre, les maisons furent restaurées et de nouveaux édifices modernes ajoutés. Aujourd'hui, le PZN est le plus grand hôpital psychiatrique pour adultes de Bade-Wurtemberg avec environ 1400 employés et environ 7000 admissions et sorties de patients chaque année. Cet établissement réunit des services de psychiatrie générale et de psychothérapie, de toxicomanie et de désintoxication, des services de mesures éducatives et d'assistance surveillée ainsi qu'un foyer psychiatrique et de soins. Un institut de séminaires et cours de perfectionnement ('l'Akademie im Park') complète la gamme des services offerts par le PZN. L'enceinte est également ouverte au public, promeneurs et visiteurs, pour éviter que les patients ne soient coupés du monde et multiplier les occasions de faire tomber certains préjugés.

Ort der Ruhe, des Gedenkens und Nachdenkens: Schnee und das gleißende Winterlicht verwandeln den Stadtfriedhof mit seiner alten Lindenallee in eine stimmungsvolle und friedliche Winterlandschaft. Die Einsegnungshalle stammt aus dem Jahr 1953 und wurde nach den Entwürfen von Stadtbaumeister Johann Treu errichtet.

A place of tranquillity, of commemoration, and reflection: snow and the gleaming winter light transform the town's cemetery with its avenue of ancient lime-trees into an atmospheric and peaceful winter landscape. The consecration hall dates from 1953 and was built from plans drawn up by the town architect Johann Treu.

Un lieu de tranquillité, propice à la commémoration et à la réflexion : la neige et la lumière hivernale scintillante transforment le cimetière municipal avec sa vieille allée de tilleuls en un paysage d'hiver paisible et plein d'atmosphère. Le pavillon avec la salle mortuaire a été construit en 1953 d'après les plans de l'architecte municipal Johann Treu.

Beeindruckendes Zeugnis des traditionsreichen jüdischen Lebens in der Region sowie ein kunstgeschichtliches Kleinod: der Jüdische Friedhof in Wiesloch, dessen Anfänge Mitte des 17. Jahrhunderts liegen. Die segnenden Hände kennzeichnen den Grabstein eines Kohen, eines Priesters. Das Denkmal an der Friedhofs-Außenmauer mahnt zur Erinnerung an die am 22. Oktober 1940 nach Gurs/Südfrankreich deportierten jüdischen Einwohnerinnen und Einwohner von Wiesloch.

An eloquent testimony to the Jewish life of the region, rich in tradition, and a jewel of art history: the Jewish Cemetery in Wiesloch, whose origins go back to the mid-17th century. Hands of blessing mark the gravestone of one Cohen, a Jewish priest. The monument on the outer wall of the cemetery commemorates the Jewish residents of Wiesloch who were deported on October 22, 1940 to Gurs in Southern France.

Témoignage impressionnant de la vie juive riche en traditions dans la région ainsi que véritable joyau de l'histoire de l'art : le cimetière juif de Wiesloch dont l'aménagement remonte au milieu du 17ème siècle. Les mains tendues pour bénir marquent la tombe d'un Cohen, un prêtre juif. Le monument sur le mur extérieur du cimetière évoque le 22 octobre 1940, date à laquelle des habitants juifs de Wiesloch furent déportés à Gurs dans le sud-ouest de la France.

Seit der Gründung 1971 ist MLP – in Europa führend in Private Finance für anspruchsvolle Akademiker und Privatkunden – eng mit der Rhein-Neckar-Region verbunden. In Wiesloch wurde im Frühjahr 2001 die neue Zentrale des Konzerns eingeweiht. Neben dem Sitz des Vorstandes ist dem Gebäudekomplex die MLP Corporate University angeschlossen. Hier können mehr als 1 000 MLP-Berater gleichzeitig unter den modernsten technischen Bedingungen der Datenverarbeitung geschult werden. MLP verfügt damit über das führende Aus- und Weiterbildungszentrum im Finanzdienstleistungsbereich.

Since its foundation in 1971, MLP – a leading company in Europe for private finance for high-level academics and private customers – has been closely associated with the Rhine-Neckar region. In spring 2001, the new headquarters for the company group was officially opened in Wiesloch. Alongside the offices of the Company Board the complex of buildings houses the MLP Corporate University. The university has space to train over 1,000 MLP advisors simultaneously, using the most modern technical facilities for data processing. As a result, MLP hosts the leading training and continuing training centre in the financial services sector.

Depuis sa fondation en 1971, le sort de MLP – leader en Europe dans le secteur 'Private Finance' pour universitaires et clients particuliers exigeants – est étroitement lié à celui de la région du Rhin-Neckar. C'est à Wiesloch qu'au printemps 2001 la nouvelle centrale du consortium a été inaugurée. A côté du siège du directoire, on trouve la MLP Corporate University où en même temps plus de 1000 conseillers MLP peuvent suivre une formation dans des conditions techniques ultramodernes de traitement de données. Par conséquent MLP possède le centre de formation et perfectionnement leader dans le domaine des prestations financières.

Klirrende Kälte, Eiszapfen und schneebedeckte Dächer sind beim hiesigen Klima zwar eher selten, aber immer willkommen als Beiwerk zu einem gelungenen, optimistischen Jahreswechsel. Auf dem Weihnachtsmarkt vor dem Rathaus und auf dem benachbarten evangelischen Kirchplatz sorgen Vereine und Schausteller schon in der Adventszeit für eine gefühlvolle Einstimmung auf die Festtage.

Biting cold, icicles and snow-covered roofs are admittedly fairly rare under the climatic conditions of this region, but they are always welcome as an accompaniment to an upbeat, optimistic change of year. In the run-up to the Christmas festivities, clubs and stall-holders provide an atmospheric introduction to the festive mood at the Christmas market in front of the Town Hall and on the neighbouring square of St. John's church.

Un froid à claquer des dents, des glaçons et des toits recouverts de neige, voilà une condition plutôt rare vu le climat local, mais un accessoire que l'on accueille toujours avec grand plaisir pour les fêtes de fin d'année réussies et optimistes. Devant l'Hôtel de Ville et sur l'esplanade voisine de l'église protestante les associations et les forains font régner dès la période de l'Avent une atmosphère propice à l'état d'esprit festif au Marché de Noël.

Bereits Sebastian Münster betonte in seiner *Cosmographia* (1544) die Bedeutung des Weinanbaus für Wiesloch. Auch heute noch prägt der Wein die Region. Daran hat der Winzerkeller Wiesloch im Süden der Stadt, eine der größten Winzergenossenschaften Südwestdeutschlands, großen Anteil. Rund 16 Mio. Liter Wein aus den umliegenden Anbaugebieten können hier eingelagert werden. Im Weinpavillon wird der Einkauf angesichts der Auswahl guter Tropfen zum Erlebnis.

In his geographical work the *Cosmographia* (1544), Sebastian Münster emphasised the importance of vine-growing for Wiesloch. Today too, wine is an element which leaves its mark on the character of the region. A large part of that influence is due to the wine-makers Winzerkeller Wiesloch in the south of the town, one of the largest wine-making co-operatives in South-West Germany. Around 16 million litres of wine from the surrounding vineyards can be stored here. In the wine pavilion, buying a good drop becomes an experience in itself, given the selection of capital wines on offer.

Sebastian Münster soulignait déjà à son époque dans sa *Cosmographia* (1544) l'importance de la viticulture pour Wiesloch, importance qui, jusqu'à aujourd'hui, n'a toujours pas faibli dans la région. Le mérite en revient en grande partie aux caves viticoles de Wiesloch au sud de la ville, l'une des plus grandes coopératives dans le sud-ouest de l'Allemagne, qui peut stocker jusqu'à environ 16 millions de litres de vin produits dans les vignobles environnants. Le grand choix dans le pavillon viticole fait de l' achat d'un bon cru un véritable événement.

Winzerkeller Wiesloch eG

BADEN
WIESLOCHER
MANNABERG
BADEN
WIESLOCHER
BERGWALDLE
SPÄTLESE TROCKEN
BADEN
WIESLOCHER
BERGWALDLE

Vorhergehende Seiten:

Luftbild der Wieslocher Kernstadt mit angrenzenden Wohngebieten aus nordwestlicher Richtung.

Previous pages:

Aerial photograph of the central area of the town of Wiesloch and the surrounding housing areas, seen from the north-west.

Pages précédentes:

Vue aérienne du centre-ville de Wiesloch avec les lotissements périphériques depuis le nord-ouest.

Altwiesloch ist der älteste Ortsteil von Wiesloch: Seit 1908 gehören beide zusammen. Oberhalb des Orts öffnet sich bei klarem Wetter der weite Blick in die Rheinebene. Die Altwieslocher Burg ist erstmals 1269 urkundlich erwähnt worden, Ende des 19. Jahrhunderts wurden die letzten Reste der Ruine abgetragen. Heute beherbergt der Schlosshof eine stilvolle moderne Bebauung, die dem geschichtsträchtigen Ort seine Referenz erweist.

Altwiesloch is the oldest of all the surrounding suburbs of Wiesloch: the two communities have been joined together since 1908. Above the area, when the weather is clear the view opens onto a panorama of the Rhine valley. Altwiesloch castle is first recorded in a document in 1269, and the last remnants of the ruins were removed at the end of the 19th century. Today, the courtyard of the castle accommodates a tasteful modern building, which pays architectural tribute to the historic site on which it is built.

Altwiesloch est le premier village périphérique de la ville de Wiesloch : la localité a été réunie à la commune en 1908. Au-dessus d'Altwiesloch, par temps clair, il est possible de voir la grande plaine du Rhin. Le château fort d'Altwiesloch apparaît dans les chroniques officielles pour la première fois en 1269 ; fin du 19ème siècle, les derniers vestiges de la ruine sont rasés. La cour du château abrite aujourd'hui un édifice moderne plein de style qui est tout à fait digne du passé chargé de l'histoire de cet endroit.

Der Stolz der Altwieslocher: das heutige Bürgerhaus. Einst Schule und Rathaus, kann das Gebäude auf eine Tradition als Herrenhaus bis ins 16. Jahrhundert zurückblicken. Alljährlich findet hier im Herbst die 'Bierekuche-Kerwe' statt, bei welcher der einzigartige Birnenkuchen dann auch reißenden Absatz findet.

The pride of the residents of Altwiesloch: the 'Bürgerhaus' (Citizens' House). Formerly a school and town hall, the building can trace its history to a tradition as a manorial house which extends back to the 16th century. Every autumn, it is the site of the pear cake kermess 'Bierekuche-Kerwe', at which the main item, eaten in goodly quantities, is a unique type of pear tart.

La fierté des habitants d'Altwiesloch : l'actuelle 'Bürgerhaus' (salle des fêtes). Autrefois école et mairie, le bâtiment était à l'origine une demeure seigneuriale datant du 16ème siècle. C'est ici que se déroule tous les ans en automne la 'Bierekuche-Kerwe', kermesse au cours de laquelle la fameuse tarte à la poire se vend par centaines.

Pankratius-Kapelle, Altwiesloch.

Saint Pancras' chapel, Altwiesloch.

Chapelle Saint-Pancrace, Altwiesloch.

Die Vielfalt der Kirchengebäude von Wiesloch entdeckt man erst, wenn man auch einen Abstecher in die einzelnen Ortsteile macht. Hinter der modernen Fassade der Pankratius-Kapelle in Altwiesloch verbirgt sich ein gotisches Kreuzrippengewölbe mit Wandgemälden aus dem 15. Jahrhundert. Das schlichte Äußere der evangelischen Kirche von Baiertal, die bis 1912 als Simultankirche genutzt wurde, setzt sich im Inneren fort, während die katholische St. Gallus-Kirche, 1912 im Neubarock erbaut, mit modernen Fresken des Künstlers Reinhard Dassler verziert ist.

The full variety of the church buildings in Wiesloch can only be appreciated once the visitor has made a tour of the individual districts of the town. The modern façade of the Saint Pancras' chapel in Altwiesloch conceals a Gothic cross vault with wall-paintings dating from the 15th century. The simplicity of the exterior of the Protestant church in Baiertal, which was used as an interconfessional place of worship until 1912, is continued in the interior, whilst the Catholic church St. Gallus' built in 1912 in the Neo-Baroque style is decorated inside with modern frescoes by the artist Reinhard Dassler.

Pour découvrir la variété des églises de Wiesloch, il faut aller se promener dans les quartiers individuels de la ville. La façade moderne de la chapelle Saint-Pancrace à Altwiesloch cache une voûte sur croisée d'ogives gothique décorée de fresques murales du 15ème siècle. La simplicité de l'extérieur de l'église protestante de Baiertal, utilisée également comme église interconfessionnelle jusqu'en 1912, se poursuit à l'intérieur tandis que l'église catholique Saint-Gall, construite dans le style néo-baroque en 1912, est ornée de fresques modernes réalisées par l'artiste Reinhard Dassler.

Evangelische Kirche, Baiertal.

Protestant church in Baiertal.

Eglise protestante, Baiertal.

Katholische St. Gallus-Kirche, Baiertal.

Catholic St. Gallus' church, Baiertal.

Eglise catholique de Saint-Gall, Baiertal.

Liebevoll werden die Baiertaler 'Briggehossler' genannt, weil sie, wann immer es die Zeit zuließ, auf der großen Brücke über dem Gauangelbach bei der Brückenwaage saßen und die Beine vom Geländer baumeln ließen. Noch heute ist die Stelle der reizvolle Mittelpunkt der Ortschaft. In unmittelbarer Nachbarschaft stand die Anfang des 19. Jahrhunderts erbaute Synagoge der stattlichen jüdischen Gemeinde, zu deren Andenken im März 1999 eine ehemalige Portalsäule wieder aufgestellt wurde.

The local name given affectionately to the residents of Baiertal is 'Briggehossler', because whenever they had the opportunity they would sit on the major bridge over the 'Gauangelbach' by the weighbridge platform and would let their legs dangle down from the bridge-railing. Even today, the spot is still the delightful centre-point of the locality. In the immediate vicinity stood the large local Jewish community's synagogue built at the start of the 19th century, in memory of which a former portal column was again erected on the site in March 1999.

Les habitants de Baiertal sont affectueusement appelés 'Briggehossler' parce que, dès que le temps le permettait, ils s'asseyaient sur le grand pont jeté sur le 'Gauangelbach' près de la bascule et laissaient pendre leurs jambes dans le vide de la balustrade. Aujourd'hui encore, cet endroit reste le centre charmant de la localité. Tout à côté, on trouvait autrefois la synagogue construite au début du 19ème siècle pour l'importante communauté juive depuis mars 1999, un ancien pilier du portail rappelle l'édifice qui s'élevait à cet endroit.

)as alte Pumpwerk im
Maisbachtal versorgte
inst die Heil- und
flegeanstalt Wiesloch
nit Trinkwasser.

'he old 'Maisbachtal'
umping works used to
upply the Wiesloch
sychiatric Therapy and
Care Centre with its
rinking water.

'ancienne station
ydraulique de vallée
u 'Maisbach' alimentait
utrefois en eau potable
hôpital psychiatrique
e Wiesloch.

Idylle in Baiertal: Ein schönes Fachwerkhaus in der Pauline-Maier-Straße beim Aufgang zur evangelischen Kirche und eine malerische Partie am Gauangelbach.

An idyll in Baiertal: an attractive half-timbered house in the 'Pauline-Maier-Straße', on the way leading up to the Protestant church, and a picturesque spot on the 'Gauangelbach'.

Idylle à Baiertal : une belle demeure à colombage dans la 'Pauline-Maier-Straße' en montant vers l'église protestante et un coin pittoresque en bordure du 'Gauangelbach'.

In und um Wiesloch finden Sportbegeisterte die unterschiedlichsten Betätigungsmöglichkeiten. Rund um den Hohenhardter Hof zwischen Baiertal und Schatthausen kommen auf einer 18-Loch-Anlage die Freunde des Golfs auf ihre Kosten, und der Steinbruch in Schatthausen ist ein Mekka für Motor- und Trialsportfreaks von nah und fern. Wer lieber Asphalt unter den Pneus hat, kann auf den Radwegen der Gegend seine Kräfte spielen lassen.

In and around Wiesloch, sports enthusiasts will find plenty of opportunities to indulge their wide-ranging activities. Fans of golf are attracted to the 18-hole course around the 'Hohenhardter Hof' area between Baiertal and Schatthausen, and the quarry in Schatthausen is a mecca for fans of motor-sports and trialling from near and far. For those who prefer asphalt under their tyres, the cycle-ways around the area offer an opportunity to get out and exercise.

De nombreuses activité sont proposées aux pas sionnés de sport que ce soit à Wiesloch même ou aux alentours. Entre les localités de Baiertal et de Schatthausen, autour de la 'Hohenhardter Hof', les amateurs de golf trouveront leur compte sur un terrain de 18 trous et la carrière de Schatthause est une véritable mecque pour les fanas de sport motorisé et de tria venant de près et de loin. Nous conseillons à tous ceux qui préfèrent sentir l'asphalte sous leurs pneus d'aller se défouler sur l'une des routes cyclistes des environs.

ie will genossen, be-
rachtet, entdeckt und
rlebt werden, die ab-
vechslungsreiche Land-
chaft um Wiesloch:
anfte Hügel, die
armonisch von der
andwirtschaft und dem
atürlichen Bewuchs
egrünt werden, Wege
lurch ruhevolle, an-
nutige Laubwälder
aden dazu ein. Hier
ntfaltet die Gegend
wischen südlichem
Odenwald, Kraichgau
ınd der Rheinebene
hren unverkennbaren
Charakter und Reiz.

The varied countryside around Wiesloch is just waiting to be enjoyed, looked at, discovered and experienced: gentle hills, a harmonious green through a combination of agriculture and natural growth, with paths through quiet, charming deciduous forests which invite the visitor to explore. Here the region between the southern Odenwald, the Kraichgau and the Rhine valley reveals its unmistakable character and charm.

La variété du paysage autour de Wiesloch ne demande qu'à être appréciée, contemplée, découverte et vécue : les collines douces, où la végétation naturelle s'alterne harmonieusement avec l'agriculture, les chemins se frayant un passage à travers des forêts d'essences feuillues paisibles et charmantes vous y invitent. C'est ici entre le sud de l'Odenwald, le Kraichgau et la plaine du Rhin que la région déploie son plein caractère et son charme incomparable.

Am östlichen Zipfel der Wieslocher Gemarkung, eingebettet in die flachen Täler von Gauangelbach und Ochsenbach, liegt der Ortsteil Schatthausen, der bis heute seinen ländlichen Charme bewahrt hat.
Die evangelische Kirche, 1746–49 unter Freiherr August Philipp von Brügge und dessen Gemahlin im Barockstil erbaut, erhielt 1903 ihren stattlichen Glockenturm mit gemeindeeigener Turmuhr und ist nach wie vor Mittelpunkt der Ortschaft. Zwei Jahre älter ist das heute stillgelegte, aber nach wie vor ortsbildprägende Viadukt der ehemaligen Nebenbahn.

At the eastern tip of the Wiesloch town boundary, nestling down in the flat valleys of the 'Gauangelbach' and the 'Ochsenbach' rivers, lies the urban district of Schatthausen, which has preserved its rural charm through to the present day.
The Protestant church, built in the Baroque style in 1746–49 under Baron August Philipp von Brügge and his wife, was given its imposing bell-tower in 1903, with the tower clock being the property of the local community. As in the past, the building remains the focal point of the locality. The viaduct of the former secondary railway track built in 1901 continues to be a landmark feature for the local area, despite the line having fallen into disuse.

Le quartier de Schatthausen, qui a su conserver jusqu'à aujourd'hui son charme rural, se trouve à l'extrémité orientale du territoire communal de Wiesloch, lové dans les vallées peu profondes du 'Gauangelbach' et de 'l'Ochsenbach'. L'église protestante, construite entre 1746 et 1749 dans le style baroque sous le baron August Philipp von Brügge et son épouse, fut coiffée en 1903 du majestueux clocher avec l'horloge qui est la propriété de la commune ; l'église constitue aujourd'hui encore le centre de la localité. Le viaduc de l'ancien chemin de fer vicinal de deux ans plus vieux est aujourd'hui désaffecté, mais il demeure l'un des symboles marquants de la localité.

Die 1959 erbaute katholische Kirche in Schatthausen ersetzte eine frühere Kapelle aus dem 19. Jahrhundert. Heute erstrahlt der umgebaute und renovierte Altarraum im Farbenspiel der Kunstverglasung von Anton Karcher.

The Catholic church built in 1959 in Schatthausen replaced the earlier chapel dating from the 19th century. Today, the rebuilt and renovated chancel revels in the play of colours produced by the stained glass by Anton Karcher.

L'église catholique construite en 1959 à Schatthausen a remplacé l'ancienne chapelle du 19ème siècle. Aujourd'hui, après avoir été transformé et restauré, le sanctuaire est surtout remarquable grâce au jeu de couleurs obtenu par les vitraux que l'on peut découvrir à l'intérieur et qui ont été créés par Anton Karcher.

Der Brunnen mit seinem gusseisernen Brunnenstock im Jugendstil ist ein beliebter Mittelpunkt des Schatthäuser 'Oberdorfs'.

The fountain with its cast-iron stand-up pipe pump in the Art Nouveau style is a popular focal point in the 'Oberdorf' district of Schatthausen.

La fontaine avec sa colonne d'alimentation en fonte style 1900 est un lieu de rencontre apprécié dans 'l'Oberdorf' (village d'en haut) de Schatthausen.

Schatthausen besitzt malerische Winkel: Das Wasserschloss am Gauangelbach wurde in seiner jetzigen Form Mitte des 16. Jahrhunderts erbaut und ist heute noch bewohnt. Im schönen Innenhof des prächtigen Gebäudes zeugen die Wappen der einstigen Schatthäuser Grundherrschaften von vergangenen Zeiten.
Ob zum Trocknen aufgehängte Maiskolben, Petunien vor einer interessanten Kulisse, Sonnenblumen- und Getreidefelder, hier ist überall der typische Charakter der Gegend zu spüren.

Schatthausen has its picturesque spots: the 'Wasserschloss' (moated castle) on the 'Gauangelbach' was built in its present form in the middle of the 16th century and is still lived in today. In the attractive interior courtyard of the magnificent building, the coats of arms of the former Lords of the Manor of Schatthausen are displayed as a reminder of times past. Whether it is the cobs of corn hung up to dry, the petunias in front of a magnificent set, or the fields of sunflowers and cereals, everything here has echoes of the typical character of the area.

Schatthausen possède des coins pittoresques : le château entouré d'eau en bordure du 'Gauangelbach' date dans sa forme actuelle du milieu du 16ème siècle et est encore habité aujourd'hui. Dans la belle cour intérieure de l'imposant édifice, les armes des anciens seigneurs de Schatthausen témoignent des temps passés. Ici, on retrouve partout le caractère typique de la région, que ce soit dans les épis de maïs suspendus pour sécher, les pétunias dans un décor charmant, les champs de tournesols ou de céréales.

An einigen Ecken ist in Frauenweiler noch die alte Struktur der Neudorfsiedlung aus den 1930/40er-Jahren zu erkennen. Der Ortsteil hat sich jedoch in den folgenden Jahrzehnten so rasant entwickelt, dass eigene Kirchen, so die katholische Marienkirche von 1952, und eine eigene Grundschule, 1970, erforderlich wurden. Der Nachwuchs ist zufrieden; er genießt es, stadtnah in einer ruhigen Umgebung spielend groß zu werden.

In the Frauenweiler district, there are some parts which still allow the visitor to recognise the original layout of the Neudorf housing development of the 1930s/1940s. However, over the following decades the district developed so rapidly that it required its own churches, such as the Catholic church St. Mary's dating from 1952, and a primary school of its own, opened in 1970. The new generation of local residents are happy: they enjoy playing and growing up close to the town, in peaceful surroundings.

La localité de Frauenweiler dévoile par endroits les anciennes structures du village périphérique construit dans les années 1930/40. Le quartier s'est cependant développé à une allure vertiginieuse au cours des décennies suivantes ce qui a nécessité la construction d'églises – comme l'église catholique de la Vierge en 1952 – et d'une école primaire en 1970. Les enfants sont satisfaits : ils apprécient en effet de grandir à proximité de la ville dans un environnement paisible.

Oberhalb von Frauenweiler mit seinen originell gestalteten Hausgärten liegt der Gänsberg: Hier kann man beim Sonnenuntergang über der Rheinebene die Seele baumeln lassen. Die Klimagunst der Region beschert nicht nur goldene Herbsttage, in der Kleingartenanlage erfüllt sich zwischen Blumen und Gemüse so mancher Gärtnertraum. Wo einst Ton für die Ziegelherstellung abgebaut wurde, liegt heute ein kleiner See, den der Volksmund 'Bottloch' getauft hat. Auf dessen Rundweg lassen sich Ruhe und Natur tanken.

Above Frauenweiler with its originally-designed house-gardens lies the 'Gänsberg': up here, the spectator can allow his spirit to float as the sun sets over the Rhine valley. The region's favourable climate not only blesses it with golden autumn days, but enables the small gardens to provide the flowers and vegetables to satisfy many a gardener's dreams. Where once clay was extracted for use in making tiles, there is a small lake today which the local dialect has christened the 'Bottloch'. A tour around it allows walkers to recharge their batteries with peace and nature.

La colline des oies, le 'Gänsberg' avec ses jardins autour de la maison aménagés de manière originale surplombe le quartier de Frauenweiler : les romantiques pourront ici rêver en contemplant le coucher de soleil sur la plaine du Rhin. La douceur du climat de la région non seulement offre de belles journées d'ensoleillement en automne mais elle permet aussi à de nombreux jardiniers amateurs de cultiver dans leurs jardinets les fleurs et les légumes de leurs rêves. L'ancienne carrière d'argile pour la fabrication de tuiles a aujourd'hui laissé la place à un petit lac baptisé populairement 'Bottloch'. Une promenade sur ses rives vous permettra de faire le plein de tranquillité et de nature.

Wer das bunte Vereinsleben in den Wieslocher Ortsteilen live erleben möchte, geht am besten zur Kirchweih: nach Frauenweiler, wo jährlich die Kerweschlumpel 'inthronisiert' wird, zur Bierekuche-Kerwe in Altwiesloch, zur Briggehossler-Kerwe in Baiertal, wo beim Brühmulde-Paddle im Gauangelbach nur viel Geschick vor dem kühlen Nass bewahrt, oder nach Schatthausen zum Kerweumzug. Die Vereine bieten nicht nur kulinarische Besonderheiten an, sie tragen vor allem dazu bei, dass man sich in der Stadt Wiesloch wohl fühlt.

If you want to experience the vibrant activities of the local associations in the various districts of Wiesloch at first hand, then you would be well-advised to go to one of the many fairs (known as 'Kirchweih', or 'Kerwe'): to Frauenweiler, where every year a 'jack of the fair' is 'enthroned', to the 'Bierekuche-Kerwe' in Altwiesloch, to the 'Briggehossler-Kerwe' in Baiertal, where it is only those who display great expertise in paddling their blanching trough in the 'Gauangelbach' river ('Brühmulde-Paddle') who avoid a cool drenching, or to Schatthausen with its kermess procession. Not only do the local associations offer culinary specialities to sample, they also contribute to an atmosphere where everyone is made welcome in the town of Wiesloch.

Nous conseillons à ceux qui aimeraient connaître de près la vie associative animée des quartiers de Wiesloch de participer tout simplement à une kermesse : à Frauenweiler où la 'Kerweschlumpel' est 'intronisée' tous les ans, à la 'Bierekuchekerwe' (kermesse de la tarte aux poires) dans Altwiesloch, à la 'Briggehossler-Kerwe' à Baiertal, où seule une grande adresse permet d'éviter de prendre la tasse lors de la fameuse 'Brühmulde-Paddle' (course en cuvette) sur le 'Gauangelbach', ou encore à Schatthausen pour le défilé de la kermesse.
Les associations proposent non seulement des spécialités culinaires à leurs visiteurs mais font également tout leur possible pour qu'ils se sentent bien à Wiesloch.

BAIERTAL

Der Wein hat seit Jahrhunderten die Menschen in Wiesloch geprägt: Der Lohn für die schwere Arbeit in den Weinbergen das ganze Jahr über ist die Weinlese – das Herbsten. Nach getaner Arbeit wird beim deftigen Winzervesper im Kreis der helfenden Hände der Wein der Vorjahre verkostet, um Platz für den neuen zu schaffen. Im Jahr 2001 hat die Wieslocher Winzerfamilie übrigens kräftig Zuwachs bekommen: Anlässlich der 1200-Jahrfeier wurde eine freie Rebfläche mit 1200 blauen Spätburgundersetzlingen – für jedes Jahr einen – neu bepflanzt. Für diesen neuen 'Bürgerwingert' konnten Rebstockpatenschaften für die kommenden zehn Jahre erworben werden. So gibt es seither 1200 Winzer mehr in Wiesloch.

For hundreds of years, wine has left its mark on the people in Wiesloch: the reward for the hard work in the vineyards throughout the year is the vintage – known as 'das Herbsten'. Once the work is completed, a substantial celebratory meal is put on by the wine-growers, in the course of which all those who helped with the work are invited to taste the previous year's wine, in order to make room for the new wine. In 2001, moreover, the family of Wiesloch wine-growers was substantially expanded: to commemorate the city's 1200-year celebration, an area suitable for growing vines was freshly planted with 1,200 young plants of the 'Spätburgunder' red wine grape variety – one for each year. It was possible to sponsor a vine in this new 'Bürgerwingert' (citizens' vineyard) for the next ten years. As a result, there are now 1,200 more wine-growers in Wiesloch.

Depuis des siècles le vin donne son empreinte à la population de Wiesloch : le travail pénible accomp dans les vignobles pendant toute l'année est récom pensé par le 'Herbsten', les vendanges. Une fois le travail terminé, les vignerons et leurs aides se réunis sent autour de la table bien garnie où le vin des années précédentes est versé pour faire place au nouveau vin. D'ailleurs, la famille des viticulteurs de Wiesloch s'est considérablement agrandie en 2001 en effet, à l'occasion de la célébration du 1200ème anniversaire de la ville, on a planté, sur un terrain viticole non-affecté, 1200 ceps de Bourgogne tardif noir – un pour chaque année. Pour ce 'Bürgerwingert' (vignoble des citoyens) les ceps nouvellement plantés pouvaient être parrainés pendant les dix années à venir. Désormais, Wiesloch compte ainsi 1200 vignerons de plus.